프랑스 자수로 만드는
식물도감

Original French title: Herbier brodé
© 2022, Éditions Eyrolles, Paris, France
All rights reserved.

No part of this book may be used or reproduced in any manner
whatever without written permission, except in the case of brief quotations embodied
in critical articles or reviews.

Korean Translation Copyright © 2024 by Jigeumichaek,
Korean edition arranged with Éditions Eyrolles,
through BC Agency, Seoul.

이 책의 한국어판 저작권은 BC 에이전시를 통한
저작권자와의 독점 계약으로 지금이책에 있습니다. 신 저작권법에 의해
한국내에서 보호를 받는 저작물이므로 무단전재와 무단복제를 금합니다.

다양한 스티치로 표현하는
33가지 식물

프랑스 자수로 만드는 식물도감

샤를렌 푸리아스 지음
제쥐 소바주 사진
김수영 옮김

차례

서문 7

-기법-

재료와 도구 11
자수의 기초 13
    도안 옮기기 14   자수 놓기 15
    수틀 사용법 14   도안 설명 읽기 17

자수 스티치 19
    백 스티치 20   롱앤드쇼트 스티치 23
    휘프트백 스티치 20   체인 스티치 24
    스템 스티치 20   휘프트체인 스티치 24
    스트레이트 스티치 21   레이지데이지 스티치 25
    피시본 스티치 21   프렌치노트 스티치 26
    새틴 스티치 22   카우칭 스티치 26
    사선 새틴 스티치 22   서큘러로즈 스티치 27

-도안과 견본-

들판에 나가면 31
    수레국화 33   개양귀비 41
    캐모마일 35   앵초 43
    미나리아재비 37   붉은토끼풀 45
    민들레 39   데코 아이디어: 식물도감 노트 47

꽃집에 가면 49

- 튤립 51
- 안개꽃 53
- 왁스플라워 55
- 아네모네 57
- 작약 59
- 데코 아이디어: 자수틀 액자 61

정원에 가면 63

- 라벤더 65
- 노랑수선화 67
- 팬지 69
- 붓꽃 71
- 물망초 73
- 라일락 75
- 등꽃 77
- 데코 아이디어: 클립보드 79

부엌에 가면 81

- 딜 83
- 차이브 85
- 로즈메리 87
- 민트 89
- 오레가노 91
- 세이지 93
- 파슬리 95
- 바질 97
- 타임 99
- 데코 아이디어: 식물 자수 패널 .. 101

숲에 가면 103

- 에리카 105
- 향나무 107
- 물푸레나무 109
- 참나무 111
- 야생딸기 113
- 데코 아이디어: 투명 액자 115

재료 구입 117
감사의 말 119

서문

저는 수년 전부터 식물 자수를 좋아했어요. 그러다 자수 식물도감을 만들어보자는 아이디어를 떠올렸습니다. 식물 자수 놓기와 마찬가지로 식물도감을 만드는 데도 인내심이 필요하지요. 식물도감은 식물 표본을 말려서 종이 사이에 넣어 압착해 만든 도판의 모음집입니다. 완전히 건조하면 수백 년 동안 보관할 수 있는 이 견본집은 이후에 채집된 식물을 비교할 때 참고하는 자료가 됩니다. 식물도감은 식물을 연구할 때 물리적 매체 역할도 합니다. 또한 식물도감을 가리키는 용어 '허베리움Herbarium'은 식물도감의 보존을 책임지는 기관인 식물 표본실을 뜻하기도 해요.

식물도감은 비록 죽은 후 건조된 식물로 만들지만 역설적이게도 살아 있는 도구라고 할 수 있습니다. 새로운 견본이 지속적으로 기존 도판에 더해지며 끊임없이 업데이트되니까요. 그래서 시간이 지날수록 식물도감은 더욱 풍부해지지요.

실제 식물도감을 만드는 데 필요한 만큼의 인내심을 갖고 여러분만의 자수 식물도감을 만들어보는 건 어떨까요? 이 책을 따라 들꽃, 절화, 정원 식물, 숲속 식물, 향기로운 허브가 있는 식물도감을 몇 주 혹은 몇 년 동안 채워가는 거예요. 식물도감을 만드는 데는 공동작업이 필요하기에 #monherbierbrodé 해시태그로 모두 함께 식물도감을 만들어나가기를 제안합니다.

기법

재료와 도구

자수의 장점 중 하나는 아주 간단한 재료로 시작할 수 있다는 점입니다. 다음은 이 책에 실린 모든 자수에 공통으로 필요한 기본 재료와 도구예요. 여기에 각각의 도안에 설명해놓은 추가 재료만 있으면 됩니다.

- 나무로 된 **수틀**. 자수를 고르게 놓을 수 있도록 수틀을 꼭 이용하길 권장합니다. 저는 이 책에 있는 모든 자수를 지름 16cm 수틀을 이용해서 놓았어요. 따라서 여러분께도 16cm 크기의 수틀을 추천해요. 16cm보다 좀 더 큰 수틀은 문제없지만 이보다 작은 수틀은 적합하지 않습니다.
- **자수실**. 고품질과 다양한 색으로 유명한 DMC 25번 면사를 추천해요. 각각의 모델 아래에 색 번호를 표시했지만, 여러분이 원하는 색을 사용해도 좋습니다. 몇몇 도안에는 입체감을 주기 위해 DMC 5번 펄코튼사도 사용했습니다. 각각의 색상에 한 타래 이상이 필요한 경우는 거의 없습니다.
- **자수용 바늘**. 대부분의 도안에 DMC 25번 면사에 적합한 7호 바늘을 사용하지만, 일부 도안의 경우 DMC 5번 펄코튼사로 자수를 놓을 수 있는 5호 바늘이 필요합니다. 다양한 크기의 바늘이 포함된 바늘 세트를 갖춰두면 자신에게 가장 편안한 바늘을 선택해 쓸 수 있어요.
- 일상적으로 쓰는 **가위**를 사용해도 좋지만 작고 정교한 가위를 사용하면 작업이 좀 더 쉬워지고 특히 실을 자를 때 유용해요.
- 면이나 리넨 혹은 원하는 소재로 된 20cm×20cm 사이즈의 **원단** 조각을 준비합니다. 초보자라면 신축성 있는 원단은 피하기 바랍니다.

도안을 원단에 옮길 때는 각 도안에 적합한 방법(14쪽 도안 옮기기)에 따라 아래의 도구가 필요합니다.

- 프릭션Frixion처럼 **지워지는 펜**. 대형마트에서 쉽게 찾을 수 있어요.
- **수용성 전사지**. 취미용품점에서 구할 수 있어요.
- **도안**(이 책 30쪽에서 113쪽까지)

자수의 기초

이제 필요한 모든 재료와 도구를 갖췄으니,
자수를 시작할 수 있는 기본 기법을 알아볼까요?

도안 사이트 바로가기

도안 옮기기

이 책의 모든 도안은 실제 크기여서 원단에 바로 옮길 수 있어요. 복사기의 배율을 조정해서 도안을 축소 혹은 확대할 수도 있습니다.

다음 웹사이트에서 실제 크기의 도안을 PDF 파일로 다운로드할 수 있어요.

(프랑스어 사이트입니다. 이메일 주소를 입력하면 도안을 받을 수 있습니다.)

www.editions-eyrolles.com/dl/0100466

도안을 원단에 옮길 때 필요한 지시사항을 원단의 특성에 따라 다음과 같이 분류했어요.

밝고(밝거나) 얇은 원단

트레이싱 페이퍼에 옮겨 그리는 오래된 방식을 사용할 수 있습니다. 저는 이때 지워지는 펜을 사용할 것을 강력 추천해요. 가장 먼저 할 일은 도안을 인쇄하거나 종이에 따라 그리는 거예요. 그런 다음 종이를 원단 아래에 놓고 창문에 대는 방법 등을 통해 비쳐 보이게 한 상태에서 그림을 원단 위에 옮겨 그립니다. 지워지는 펜의 장점은 다리미나 헤어드라이어의 열이 닿으면 마술처럼 지워진다는 거예요.

짙고(짙거나) 두꺼운 원단

먹지를 사용할 수도 있지만 제가 생각하기에 가장 효과적인 방법은 수용성 전사지를 사용하는 거예요. 먼저 도안을 전사지에 직접 인쇄하거나 따라 그립니다. 전사지 시트를 덮고 있는 필름을 제거하고 접착면을 원단에 놓은 후 자수 작업을 진행합니다. 자수를 마치고 찬물이나 미지근한 물에 담그기만 하면 종이는 마법처럼 녹아 사라져요!

수틀 사용법

수틀은 두 개의 틀로 구성되어 있어요. 먼저 두 개의 틀을 연결하는 나사를 살짝 풀어서 분리합니다. 도안이 중심에 위치하는지 확인하면서 첫 번째 틀 위에 원단을 놓습니다. 그 위에 두 번째 틀을 놓고 원단이 팽팽하게 당겨지도록 나사를 조입니다.

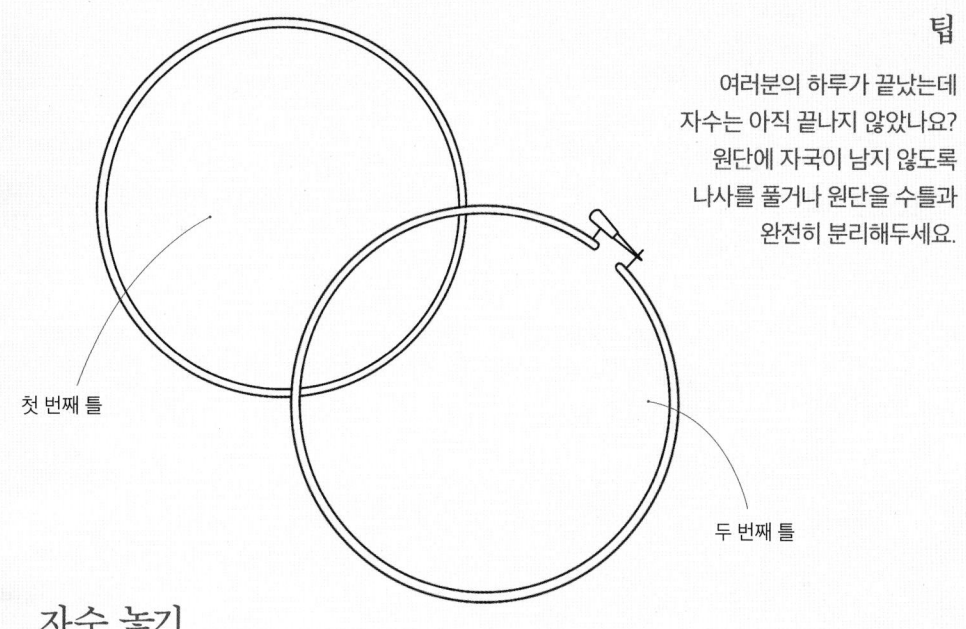

첫 번째 틀

두 번째 틀

> **팁**
> 여러분의 하루가 끝났는데 자수는 아직 끝나지 않았나요? 원단에 자국이 남지 않도록 나사를 풀거나 원단을 수틀과 완전히 분리해두세요.

자수 놓기

자수실 가닥 분리하기

DMC 25번 면사는 여섯 가닥으로 되어 있어요. 이 책에서는 가끔 한 가닥으로 자수를 놓을 때도 있지만 대부분 두 가닥을 씁니다. 각각의 도안에 필요한 가닥수를 표시했습니다.

가닥을 분리할 때는 실을 약 40cm(손끝에서 팔꿈치까지 정도) 길이로 자르고, 한 손의 엄지와 검지로 다섯 가닥을 잡은 채 다른 손으로 한 가닥을 당깁니다. 이때 다섯 가닥을 너무 세게 쥐지 않도록 합니다. 이렇게 하면 가닥이 서로 꼬이지 않게 하면서 한 가닥을 분리할 수 있어요.

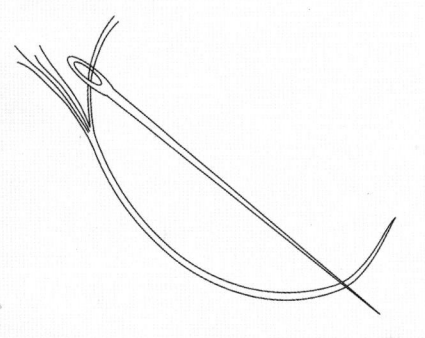

> **팁**
> 두 가닥으로 자수를 놓을 때는 잘라낸 한 가닥을 반으로 접고 양 끝을 바늘귀로 통과시키세요. 그리고 원단에 바늘을 한 번 찔러 넣었다 빼낸 후 다시 한 번 찔러 넣어 뒷면에 생긴 고리에 통과시킵니다.

자수 시작하기

원칙적으로는 자수를 시작하거나 끝맺을 때 매듭을 짓지 않습니다. 자수의 첫 스티치는 엄지로 뒷면의 실을 2~3cm 정도 잡고 몇 번의 스티치로 움직이지 않게 고정합니다. 이후 새로운 스티치를 놓으려면 이미 수놓은 스티치 아래에서 실을 원단 뒷면으로 밀어 넣습니다.

각 도안에 실행 순서대로 표시된 스티치와 색상 지시사항에 따라 도안을 수놓습니다(자세한 사항은 17쪽 도안 설명 읽기를 참조하세요).

실이나 색상 바꾸기

색상을 바꾸거나 자수를 마무리할 때는 바늘을 원단 뒷면으로 찔러 넣고 마지막 3~4개 자수 스티치 아래로 실을 통과시킵니다. 그런 다음 실을 몇 mm 남기고 자릅니다.

자수 마무리하기

지워지는 펜을 사용했다면, 자수를 완성하고 나서 헤어드라이어나 다리미를 자수 뒷면에 살짝 대어주면 펜 자국이 지워집니다.

수용성 전사지를 사용했다면, 자수를 찬물이나 미지근한 물에 15분 정도 담근 후 여러 번 헹궈줍니다.

이렇게 마무리가 끝났다면 제가 작품과 함께 소개한 인테리어 아이디어를 활용해 여러분의 자수를 전시해보세요. 창의력을 발휘해 자수를 쿠션 위에 꿰매거나 옷에 패치워크로 이어 붙이는 건 어떨까요?

하나의 스티치를 다양한 색상으로 수놓기

등꽃(76쪽 참조)처럼 하나의 스티치를 임의로 선택한 다양한 색상으로 수놓을 경우, 색상별로 수를 놓는 것이 좋습니다. 첫 번째 색상으로 수놓을 요소를 선택하여 수놓습니다. 자수를 다 놓으면 실을 제거한 다음 두 번째 실을 꿰입니다. 같은 방법으로 이어서 수놓습니다. 물론 전체적으로 조화롭게 보이도록 언제든지 이전 색상으로 다시 수놓을 수 있습니다.

도안 설명 읽기

각각의 도안에 제시된 일련번호 순서에 따라 자수를 놓습니다. 번호는 자수를 놓는 순서대로 매겨져 있어요. 그리고 각 숫자는 도안에 제공되는 스티치 하나, 색상 하나의 조합에 해당합니다. 같은 조합 안에 여러 색상이나 스티치가 포함되는 경우 알파벳으로 구분했습니다. 다음은 향나무(106쪽) 도안 설명의 예입니다.

스티치를 수놓는 순서

표시된 스티치를 같은 색상으로 순서대로 수놓기

1 롱앤드쇼트 스티치, 2가닥, 433
2 2가닥, 370: **2A** 롱앤드쇼트 스티치, **2B** 스템 스티치
3 스트레이트 스티치, 2가닥, 520 / 523 / 3364(임의로 선택)
4 서큘러로즈 스티치, 2가닥: **4A** 318 / **4B** 939

같은 스티치를 표시된 색상 순서대로 수놓기

서로 다른 색상 3가지를 임의로 선택하여 수놓기

자수 스티치

이어지는 페이지에 실린 그림은 자수 스티치를 한 번에 놓는 방법을 보여줍니다. 바늘을 넣고 빼는 것을 한 동작으로 나타냈지요. 하지만 자수를 처음 시작하는 분이라면 두 동작으로 스티치를 놓기를 권장합니다. 즉 바늘을 원단에 찔러 넣고, 반대쪽으로 완전히 빠져나온 바늘을 다시 뒷면에서 찔러 앞으로 빼내는 거예요. 그림과 함께 제공되는 스티치 설명은 이렇게 두 동작으로 나뉘어 있습니다.

백 스티치 back stitch

백 스티치는 꽃의 잎맥처럼 비교적 가는 직선 혹은 곡선을 수놓을 때 사용합니다. 바늘을 A에서 원단 겉면으로 빼내 B에 넣습니다. 바늘을 C에서 빼내 다시 첫 번째 지점(A)에 넣습니다. 바늘땀의 길이가 고른지 확인하면서 같은 과정을 반복하며 계속 수놓습니다.

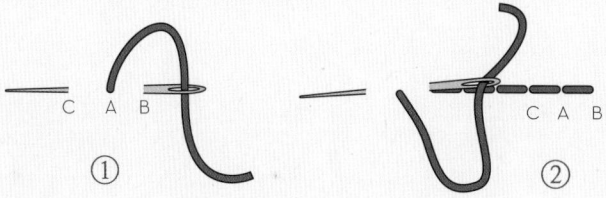

휘프트백 스티치 whipped back stitch

휘프트백 스티치는 두 단계를 거쳐 수놓습니다. 백 스티치로 선을 수놓은 다음 시작점으로 돌아와서 원단 겉면으로 바늘을 뺍니다. 원단을 뚫거나 원단에 걸리지 않게 조심하면서 바늘을 각각의 땀 아래로 통과시킵니다. 선의 끝에 이르면 바늘을 원단 안쪽으로 빼냅니다.

스템 스티치 stem stitch

스템 스티치 역시 꽃의 잎맥처럼 가는 직선 혹은 곡선을 수놓을 때 사용합니다. 먼저 바늘을 A에서 원단 겉면으로 뺍니다. 바늘을 B에 넣은 다음 A와 B 사이에 있는 C에서 뺍니다. 다시 D에 넣고 B에서 빼냅니다. 같은 과정을 반복하며 계속 수놓습니다.

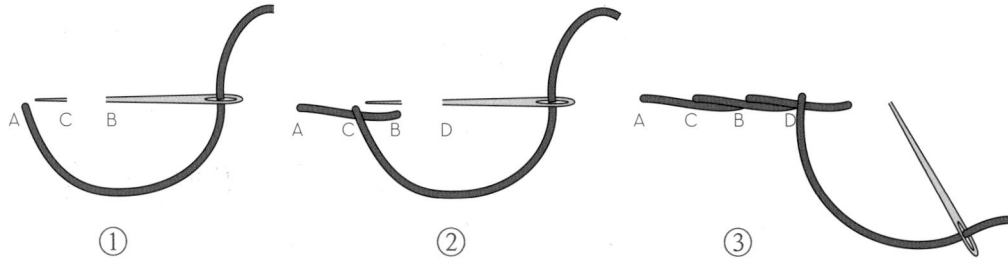

스트레이트 스티치 straight stitch

스트레이트 스티치는 짧은 직선을 수놓을 때 사용합니다. 바늘을 A에서 원단 겉면으로 뺀 다음 B에 넣습니다. 그리고 C에서 다시 뺀 다음 D에 넣어 새로운 스티치를 만듭니다. 같은 방법으로 필요한 땀만큼 수놓습니다.

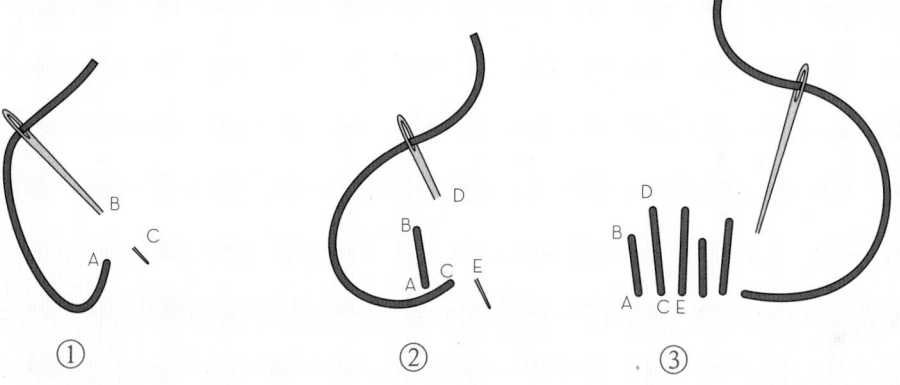

피시본 스티치 fishbone stitch

피시본 스티치로 수놓으면 자연스럽게 중앙 잎맥이 그려지기 때문에 잎을 수놓을 때 많이 사용합니다. A에서 원단 겉면으로 빼낸 바늘을 B에 넣어 잎의 윗부분에 첫 수직 스티치를 수놓습니다. 바늘을 다시 C에서 빼낸 후 D로 넣어 살짝 비스듬한 스티치를 만듭니다. 다시 E에서 빼낸 후 F에 넣어 수직 스티치의 반대쪽에도 똑같이 살짝 비스듬한 스티치를 만듭니다. 중앙에서 스티치를 조금씩 교차시키면서 같은 방법으로 이어서 수놓습니다.

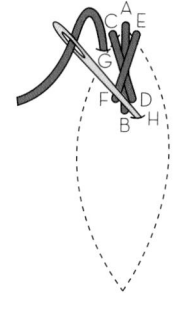

새틴 스티치 satin stitch

새틴 스티치는 작은 표면을 채울 때 사용합니다. 바늘을 A에서 원단 겉면으로 뺀 다음 B에 넣습니다. A에서 가까운 C에서 바늘을 뺀 다음 B에서 가까운 D에 넣습니다. 원하는 부분을 다 채울 때까지 같은 방법으로 스티치 사이를 촘촘하게 수놓습니다.

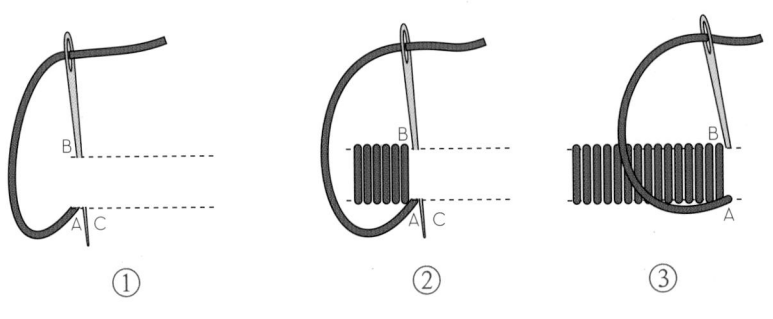

사선 새틴 스티치

사선 새틴 스티치는 새틴 스티치와 같은 방법으로 수놓는데 방향만 바뀝니다. 수놓을 형태의 중간에서 시작하면 스티치 방향을 좀 더 쉽게 잘 잡을 수 있어요.

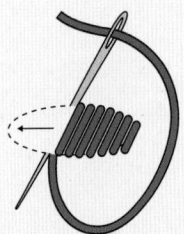

롱앤드쇼트 스티치 long and short stitch

롱앤드쇼트 스티치는 좀 더 넓고 그러데이션이 있는 표면을 채울 때 아주 좋은 스티치예요. 모티프 가장자리에서 시작합니다. 바늘을 A에서 원단 겉면으로 뺀 다음 짧은 스티치와 긴 스티치로 번갈아 가며 B에 넣습니다. 두 번째 열은 방식으로 같은 놓되 첫 번째 열의 짧은 스티치와 두 번째 열의 긴 스티치, 첫 번째 열의 긴 스티치와 두 번째 열의 짧은 스티치가 맞물리도록 반복해서 수놓습니다.

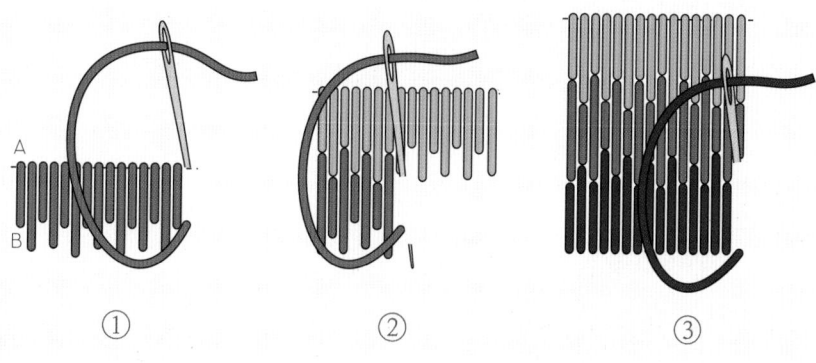

팁

꽃잎이나 잎사귀를 채울 때도 도안의 중심을 향해 기울어진다는 점만 제외하면 같은 원리로 수놓습니다.

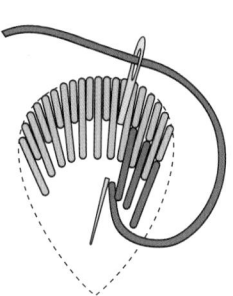

체인 스티치 chain stitch

체인 스티치는 꽃의 줄기처럼 비교적 굵은 선을 수놓을 때 사용합니다. 바늘을 A에서 원단 겉면으로 빼냅니다. A에 다시 넣고 실로 만든 고리 안으로 B에서 바늘을 뺍니다. 바늘을 B에 다시 넣고 두 번째 고리 안으로 C에서 빼냅니다. 같은 방식으로 끝까지 수놓고 마지막 고리 바깥에 작은 스티치를 만들어 마지막 고리를 고정합니다.

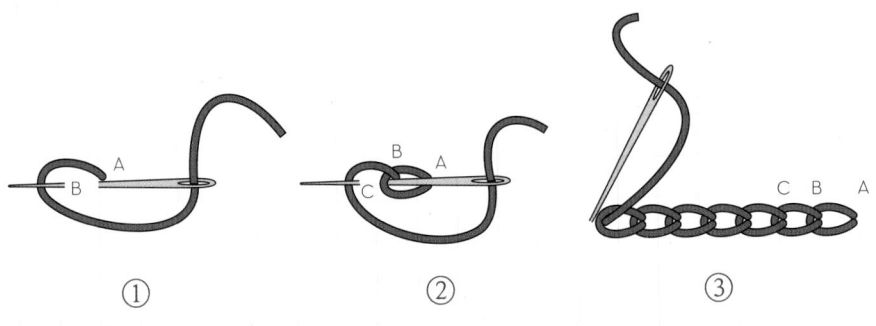

휘프트체인 스티치 whipped chain stitch

휘프트체인 스티치는 두 단계를 거쳐 수놓습니다. 체인 스티치로 선을 수놓은 다음 시작점으로 돌아와서 A에서 원단 겉면으로 바늘을 뺍니다. 그리고 원단을 뚫거나 원단에 걸리지 않게 조심하면서 바늘을 각각의 땀 아래로 통과시킵니다. 선의 끝에 이르면 바늘을 원단 안쪽으로 빼냅니다.

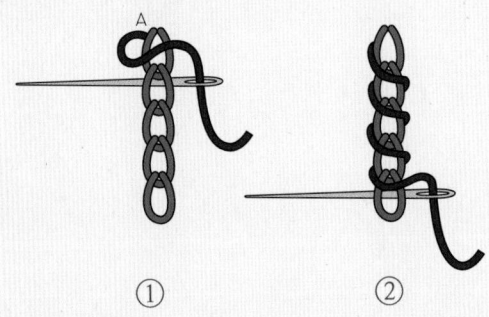

레이지데이지 스티치 lazy-daisy stitch

레이지데이지 스티치는 꽃잎 등을 수놓을 때 많이 사용하는 일종의 체인 스티치예요. A에서 원단 겉면으로 바늘을 뺍니다. A에 다시 넣고 실로 만든 고리 안으로 B에서 바늘을 뺍니다. C에서 작은 스티치로 고리를 고정해 마무리합니다.

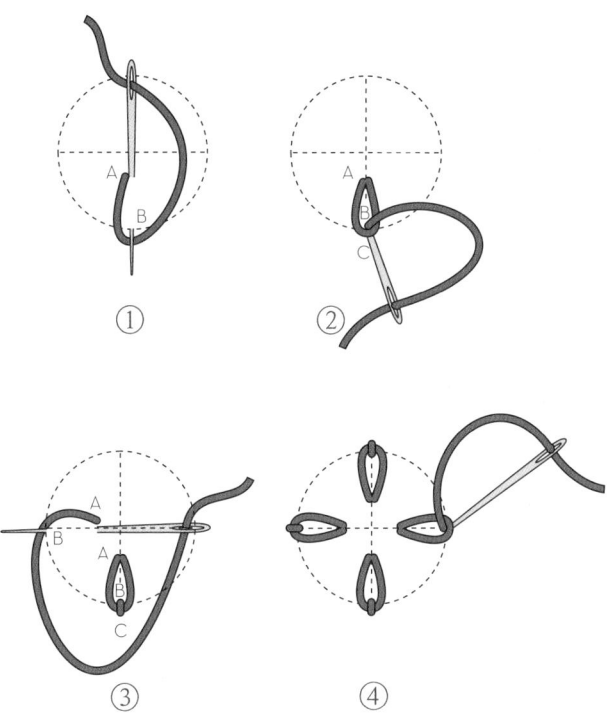

프렌치노트 스티치 French knot stitch

입체감 있는 프렌치노트 스티치는 단독으로 사용하기도 하고 면을 채우는 용도로 사용하기도 해요. A에서 바늘을 원단 겉면으로 빼낸 다음 다른 손으로 실을 바늘 주위로 1~2회 감아줍니다. 실을 잡은 채로 바늘을 A와 가까운 곳에 다시 넣습니다. 실을 감아 생긴 고리를 원단에 가깝게 모은 다음 바늘을 원단 뒷면으로 부드럽게 당겨 매듭을 만듭니다.

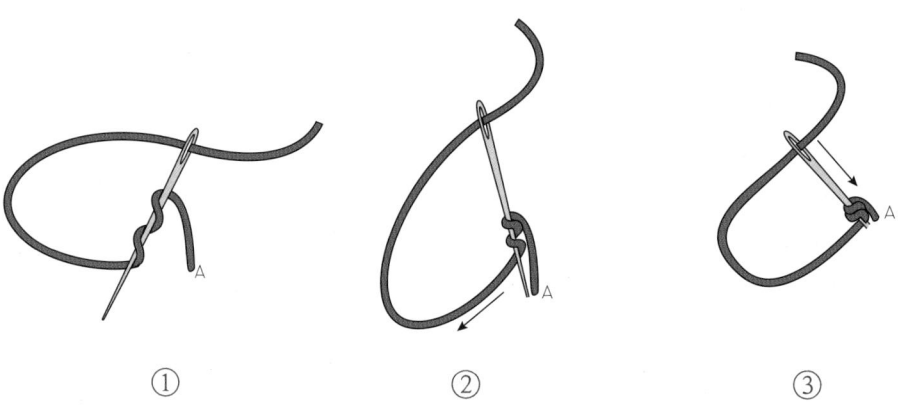

① ② ③

카우칭 스티치 couching stitch

카우칭 스티치는 꽃줄기처럼 두꺼운 선을 수놓는 데 사용해요. 이 스티치에는 메인 실 즉 원단 위에 눕히는 실(밝은 녹색)과 고정 실(진한 녹색) 이렇게 두 실을 써요. 바늘을 두 개 준비해서 각각의 실에 서로 다른 바늘을 쓰는 것이 좋아요. 메인 실을 1에서 원단 밖으로 빼내어 수놓을 선 위에 놓습니다. 고정 실을 A에서 원단 밖으로 빼낸 다음 B에 넣어 누운 실과 수직으로 교차하는 스티치를 만듭니다. 메인 실이 만든 선 전체를 따라 고정 스티치 사이의 간격이 균일하도록 같은 방식으로 수놓습니다. 메인 실의 탄력을 조절하고 2에 넣어 마무리합니다.

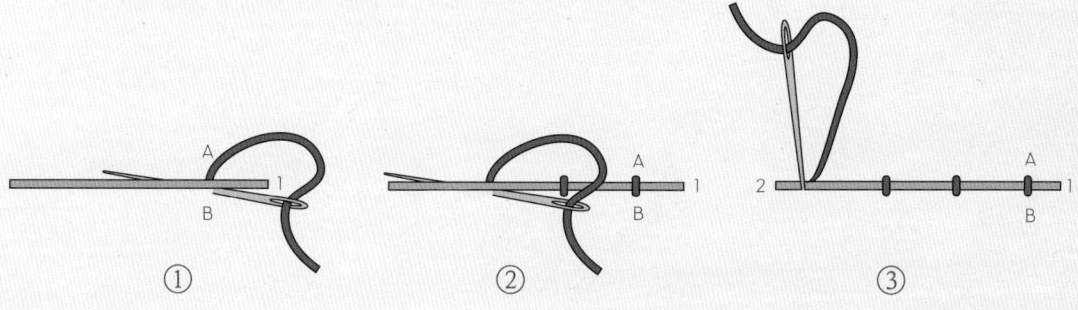

① ② ③

서큘러로즈 스티치 circular Rhodes stitch

서큘러로즈 스티치는 꽃술처럼 입체적인 작은 원을 수놓을 때 사용합니다. A에서 원단 겉면으로 바늘을 뺀 다음 원의 반대편 B에 넣습니다. 다시 바늘을 C에서 빼내어 이전 실과 교차시켜 D에 넣습니다. 입체감 있는 원을 완성할 때까지 반복합니다.

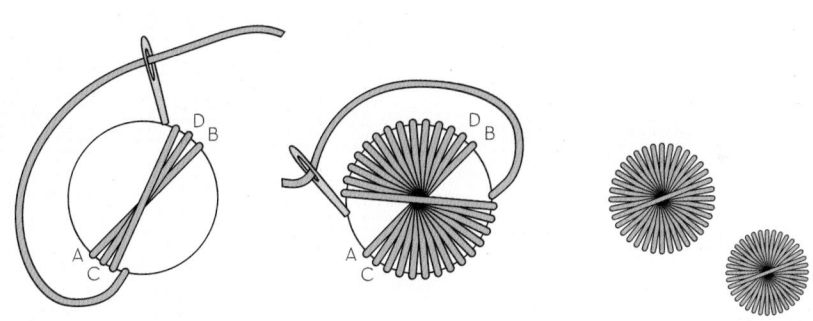

도안과 견본

들판에 나가면

양귀비, 미나리아재비, 민들레 같은 꽃 이름은 어린 시절의 기억이 떠오르게 해요. 턱밑에 미나리아재비를 갖다 대서 턱에 노란빛이 비치면 그 사람이 버터를 좋아할 운명인지 알 수 있다는 속설을 믿었고, 민들레로 꽃 피리를 만들어 불기를 좋아했거든요. '그 사람은 나를 좋아한다, 조금 좋아한다, 많이 좋아한다, 열렬히 좋아한다, 전혀 좋아하지 않는다'라는 노래를 부르면서 데이지의 마지막 꽃잎까지 따서 연애점을 치기도 했어요. 그리고 행운의 부적으로 간직할 네잎클로버를 찾아다녔지요.

소요시간:
4시간 30분

재료:
기본 재료(12쪽 참조)
DMC 5번 펄코튼사에 사용할 5호 바늘

DMC 25번 면사

- 156
- 3041
- 931
- 3022
- 930
- 3052

DMC 5번 펄코튼사

- 3052

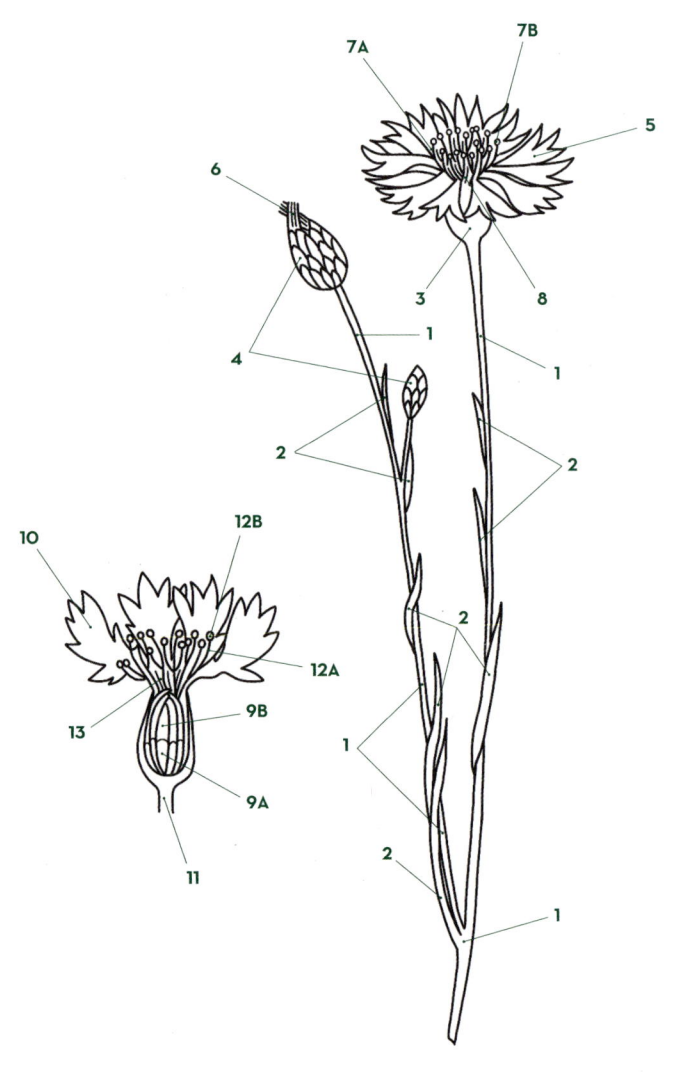

도안 설명

1. 카우칭 스티치: 메인 실 DMC 5번 펄코튼사, 1가닥, 3052 + 고정 실 25번 면사, 1가닥, 3052
2. 스템 스티치, 2가닥, 3052
3. 롱앤드쇼트 스티치, 2가닥, 3052
4. 레이지데이지 스티치, 2가닥, 3022
5. 롱앤드쇼트 스티치, 2가닥, 931
6. 스트레이트 스티치, 2가닥, 931
7. 930: **7A** 스트레이트 스티치, 2가닥 / **7B** 프렌치노트 스티치, 1가닥, 1회 감기
8. 스트레이트 스티치, 2가닥, 3041
9. 체인 스티치, 2가닥: **9A** 156 / **9B** 931
10. 롱앤드쇼트 스티치, 2가닥, 931
11. 롱앤드쇼트 스티치, 2가닥, 3022
12. 930: **12A** 스트레이트 스티치 2가닥/ **12B** 프렌치노트 스티치, 1가닥, 1회 감기
13. 스트레이트 스티치, 2가닥, 3041

수레국화

영어명: cornflower
학명: Centaurea cyanus
　　　혹은 Cyanus segetum
과: 국화과

소요시간:
5시간

재료:
기본 재료(12쪽 참조)

DMC 25번 면사
- 3364
- 746
- 3820
- 520
- 3865
- 729
- 3347
- Blanc(흰색)

도안 설명

1A 스템 스티치, 2가닥, 3364 / **1B** 1A와 동일(1B가 위로 온다)

2 스트레이트 스티치, 2가닥, 520

3 스트레이트 스티치, 2가닥, 3347

4 스트레이트 스티치, 2가닥 + 레이지데이지 스티치, 2가닥, Blanc / 746 / 3865(임의로 선택)

5 레이지데이지 스티치, 2가닥, 746

6 스트레이트 스티치, 2가닥, 746

7 프렌치노트 스티치, 2가닥, 1회 혹은 2회 감기: **7A** 729 / **7B** 3820

8 2가닥 3347: **8A** 체인 스티치 / **8B** 스템 스티치

9 롱앤드쇼트 스티치, 2가닥, 3364

10 스트레이트 스티치, 2가닥, 3820

11 롱앤드쇼트 스티치, 2가닥, Blanc, 746 / 3865(임의로 선택)

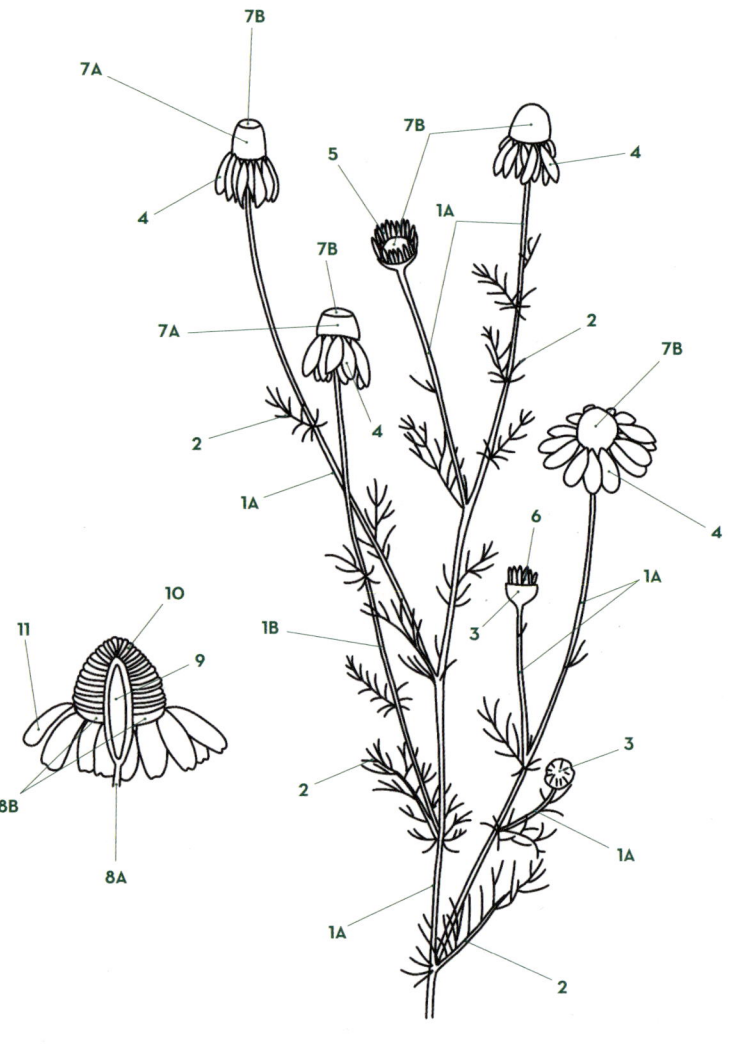

캐모마일

영어명: chamomile
학명: Matricaria chamomilla
과: 국화과

소요시간:
7시간

재료:
기본 재료(12쪽 참조)

DMC 25번 면사
- 726
- 734
- 444
- 470
- 905

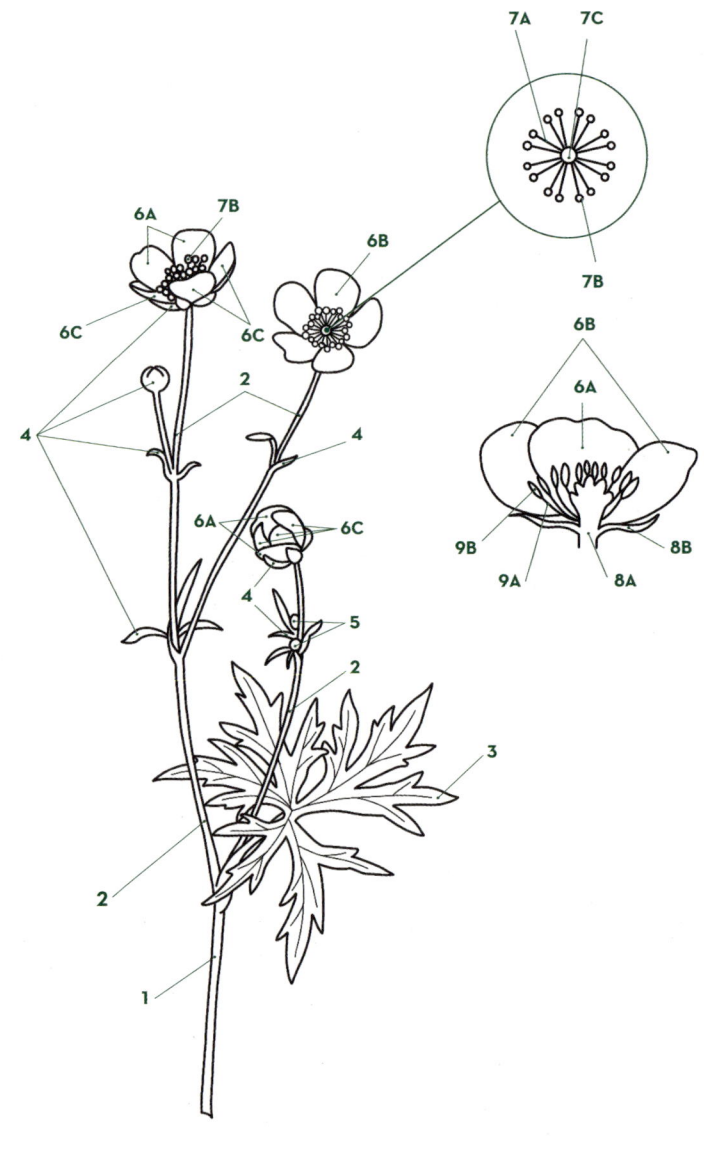

도안 설명

1 휘프트체인 스티치, 2가닥, 470

2 휘프트백 스티치, 2가닥, 470

3 피시본 스티치, 2가닥, 905

4 스트레이트 스티치, 2가닥, 905

5 프렌치노트 스티치, 2가닥, 1회 감기 905

6 롱앤드쇼트 스티치, 2가닥:
  6A 726 / **6B** 444 / **6C** 734

7 2가닥, 734: **7A** 스트레이트 스티치 / **7B** 프렌치노트 스티치, 1회 감기 / **7C** 서큘러로즈 스티치

8 2가닥, 470: **8A** 롱앤드쇼트 스티치 / **8B** 스트레이트 스티치

9 2가닥, 734: **9A** 스트레이트 스티치 / **9B** 레이지데이지 스티치

미나리아재비

영어명: buttercup
학명: Ranunculus acris
과: 미나리아재빗과

소요시간:
7시간

재료:
기본 재료(12쪽 참조)

DMC 25번 면사

- 986
- 989
- 726
- 469
- 734
- 3820
- 3021
- 712
- 356

도안 설명

1. 휘프트체인 스티치, 2가닥: **1A** 356 / **1B** 734
2. 사선 새틴 스티치, 2가닥, 989
3. 롱앤드쇼트 스티치, 2가닥, 986
4. 스템 스티치 혹은 스트레이트 스티치, 2가닥, 469
5. 롱앤드쇼트 스티치, 2가닥, 3820
6. 새틴 스티치, 2가닥, 734
7. 스트레이트 스티치, 2가닥, 726
8. 롱앤드쇼트 스티치, 2가닥, 989
9. 롱앤드쇼트 스티치, 2가닥, 734
10. 스템 스티치, 2가닥, 469
11. 스트레이트 스티치 1가닥, 3021
12. 스트레이트 스티치 + 레이지데이지 스티치, 1가닥, 3021
13. 스트레이트 스티치, 2가닥, 712

민들레

영어명: dandelion
학명: Taraxacum
과: 국화과

소요시간:
9시간

재료:
기본 재료(12쪽 참조)
DMC 5번 펄코튼사에 사용할 5호 바늘

DMC 25번 면사

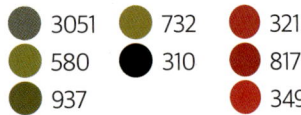

- 3051
- 732
- 321
- 580
- 310
- 817
- 937
- 349

DMC 5번 펄코튼사
- 3051

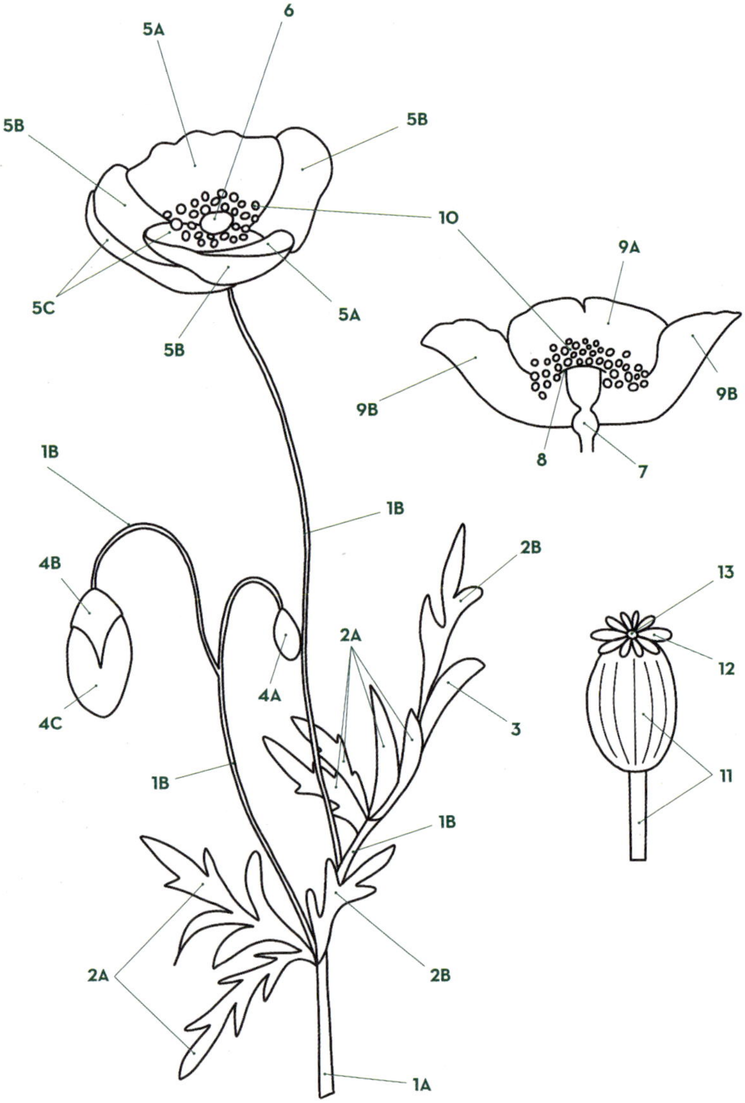

도안 설명

1A 카우칭 스티치(나란히 2회 수놓기):
메인 실 5번 펄코튼사, 1가닥, 3051
+ 고정 실 25번 면사, 1가닥, 3051

1B 1A와 동일, 1회 수놓기

2 피시본 스티치, 2가닥:
2A 580 / **2B** 937

3 사선 새틴 스티치, 2가닥, 732

4 새틴 스티치, 2가닥: **4A** 3051
/ **4B** 321 / **4C** 580

5 롱앤드쇼트 스티치, 2가닥:
5A 321 / **5B** 817 / **5C** 349

6 스트레이트 스티치, 2가닥, 580

7 롱앤드쇼트 스티치, 2가닥, 580

8 스템 스티치, 2가닥, 580

9 롱앤드쇼트 스티치, 2가닥:
9A 321 / **9B** 349

10 프렌치노트 스티치, 2가닥,
1회 혹은 2회 감기, 310

11 롱앤드쇼트 스티치, 2가닥, 732

12 레이지데이지 스티치, 2가닥, 732

13 프렌치노트 스티치, 2가닥,
2회 감기, 732

개양귀비

영어명: red poppy, corn poppy
학명: Papaver rhoeas
과: 양귀비과

소요시간:
9시간

재료:
기본 재료(12쪽 참조)

DMC 25번 면사

- 320
- 904
- 368
- 734
- 989
- 725
- 444

도안 설명

1 체인 스티치, 2가닥, 320

2 피시본 스티치, 2가닥: **2A** 989 / **2B** 904

3 롱앤드쇼트 스티치, 2가닥, 320

4 사선 새틴 스티치, 2가닥, 989

5 새틴 스티치, 2가닥, 904

6 롱앤드쇼트 스티치, 2가닥:
6A 368 / **6B** 444 / **6C** 734 / **6D** 725

7 롱앤드쇼트 스티치, 2가닥:
7A 368 / **7B** 989 / **7C** 444

8 스트레이트 스티치, 2가닥, 734

9 스트레이트 스티치, 1가닥, 904

10 백 스티치, 1가닥, 904

11 프렌치노트 스티치, 1가닥, 2회 감기: **11A** 904 / **11B** 368

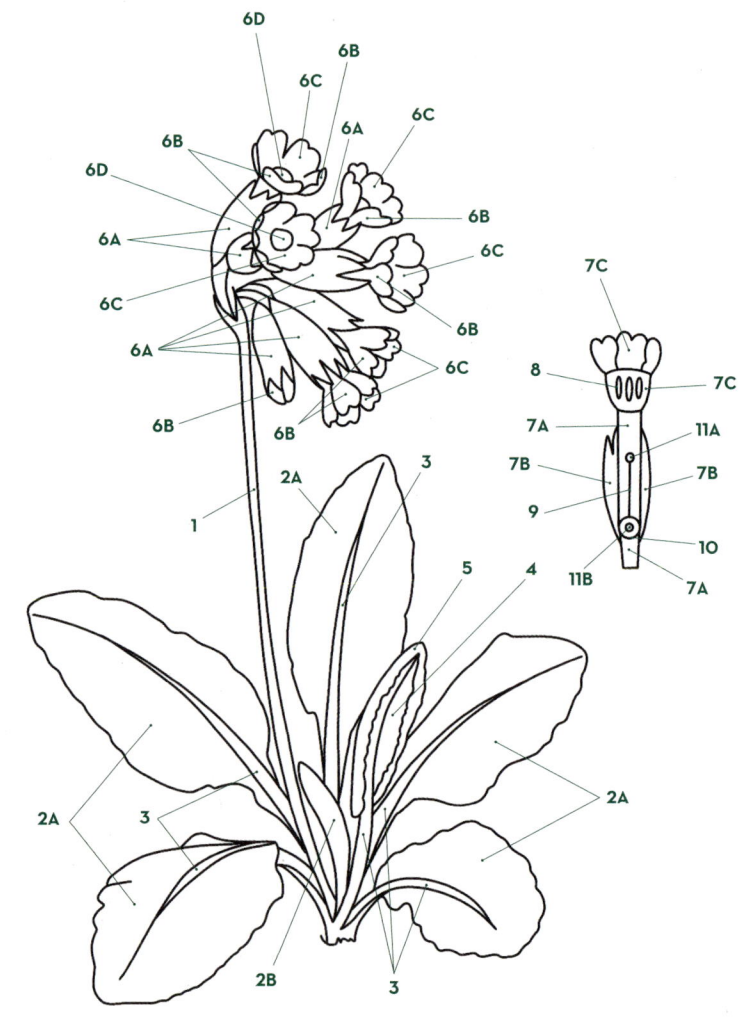

앵초

영어명: cowslip
학명: Primula veris
과: 앵초과

들판에 나가면 | 43

소요시간:
9시간

재료:
기본 재료(12쪽 참조)

DMC 25번 면사

- 989
- 370
- 3346
- 369
- 223
- 3731
- 743
- Blanc
- 712
- 819

도안 설명

1 2가닥, 989: **1A** 체인 스티치
 / **1B** 스템 스티치

2 2가닥, 370: **2A** 롱앤드쇼트 스티치
 / **2B** 피시본 스티치

3 피시본 스티치, 2가닥, 3346

4 롱앤드쇼트 스티치, 2가닥:
 4A 3346 / **4B** 369

5 사선 새틴 스티치, 2가닥:
 5A 989 / **5B** 3346

6 스트레이트 스티치, 1가닥, 989

7 스트레이트 스티치, 2가닥, 369

8 레이지데이지 스티치, 2가닥, 223
 / 3731(임의로 선택)

9 스템 스티치, 2가닥, 3346

10 롱앤드쇼트 스티치, 2가닥:
 10A 712 / **10B** 819 / **10C** 223

11 스트레이트 스티치 2가닥, Blanc

12 프렌치노트 스티치, 2가닥,
 1회 감기, 743

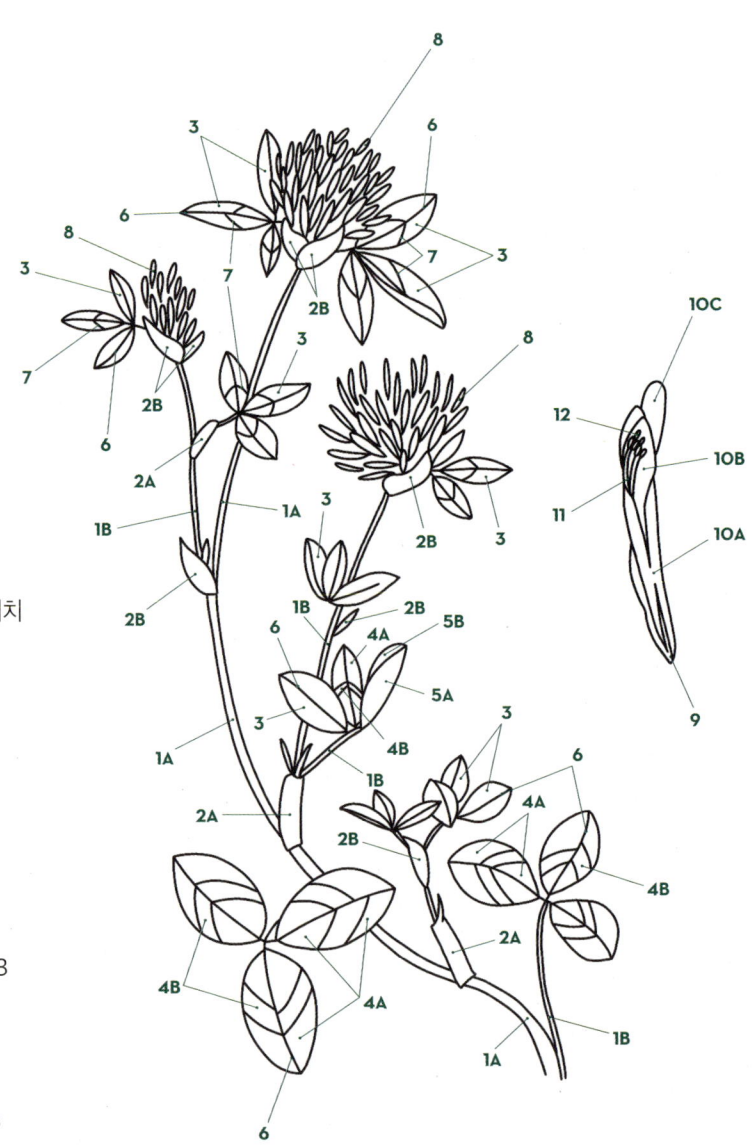

붉은토끼풀

| 영어명: red clover
| 학명: Trifolium pratense
| 과: 콩과

들판에 나가면 | 45

데코 아이디어:
식물도감 노트

재료
- 식물도감 형태의 노트
- 한쪽 면이 열접착 처리되고 도안보다 몇 센티미터 큰 부직포
- 양면 접착테이프 혹은 사진용 양면 스티커 (스크랩북용)
- 노트를 장식할 수 있는 모든 유형의 장식품 (드라이플라워, 그림, 라벨, 텍스트 등)
- 가위

만들기
1. 자수 작품 가장자리에 여백이 충분한지 확인하면서 뒷면에 부직포의 열접착 면을 놓습니다.
2. 가장자리에 최소 1cm의 여백을 남기고 자수를 조심스럽게 자릅니다.
3. 양면 접착테이프나 양면 스티커를 이용해 자수를 노트에 붙입니다.
4. 그림, 텍스트, 말린 식물로 장식해줍니다. 창의력을 발휘해보세요!

꽃집에 가면

우리가 기분이 좋아서 꽃을 선물하든 특정한 이벤트를 축하하기 위해 꽃을 선물하든, 꽃은 그때의 감정을 정확하게 표현할 줄 알아요. 겨울에 마음을 따뜻하게 해주는 미모사부터 가을의 단조로움을 몰아내는 금빛 달리아, 봄날의 작약, 여름이 다가올 때 피는 수국까지… 꽃집이나 꽃시장에서 제철 꽃을 사는 것은 자연의 리듬에 맞춰 살아가는 것이랍니다.

소요시간:
4시간

재료:
기본 재료(12쪽 참조)

DMC 25번 면사

- 987
- 732
- 3347
- 726
- 725
- 444

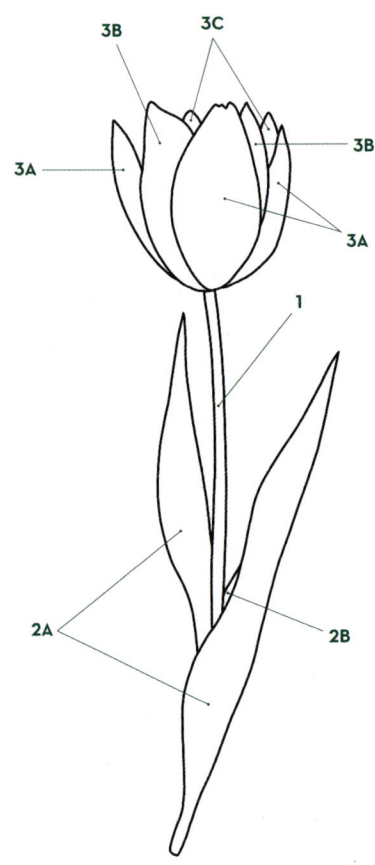

도안 설명

1 사선 새틴 스티치, 2가닥, 732

2 롱앤드쇼트 스티치, 2가닥:
  2A 3347 / **2B** 987

3 롱앤드쇼트 스티치, 2가닥:
  3A 444/ **3B** 726 / **3C** 725

튤립

| 영어명: tulip
| 학명: Tulipa gesneriana
| 과: 백합과

소요시간:
5시간

재료:
기본 재료(12쪽 참조)

DMC 25번 면사
- ● 937
- ○ 3866
- ○ Blanc

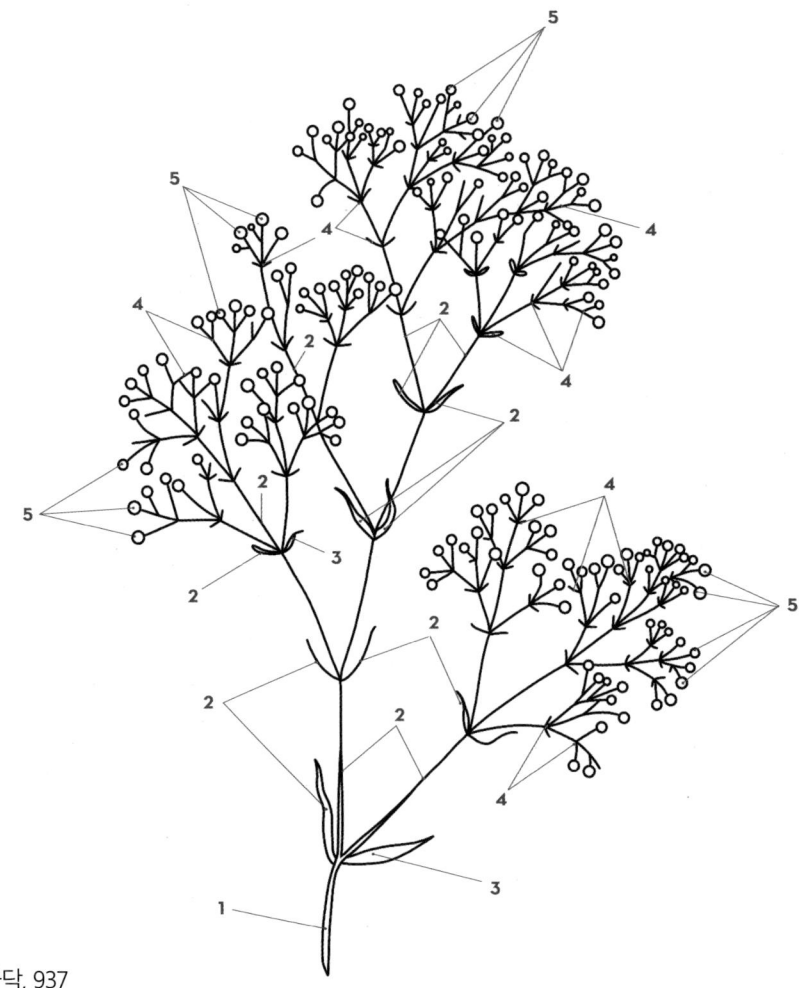

도안 설명

1. 롱앤드쇼트 스티치, 2가닥, 937
2. 스템 스티치, 2가닥, 937
3. 피시본 스티치, 2가닥, 937
4. 스트레이트 스티치, 1가닥, 937
5. 프렌치노트 스티치, 2가닥, 1회 혹은 2회 감기, 3866 / Blanc(임의로 선택)

안개꽃

영어명: gypsophila, babies' breath
학명: Gypsophila paniculata
과: 석죽과

소요시간:
6시간

재료:
기본 재료(12쪽 참조)
DMC 5번 펄코튼사에 사용할 5호 바늘

DMC 25번 면사

- ● 936
- ● 3722
- ○ Blanc
- ● 733
- ● 223
- ● 611
- ● 3727

DMC 5번 펄코튼사

- ● 611

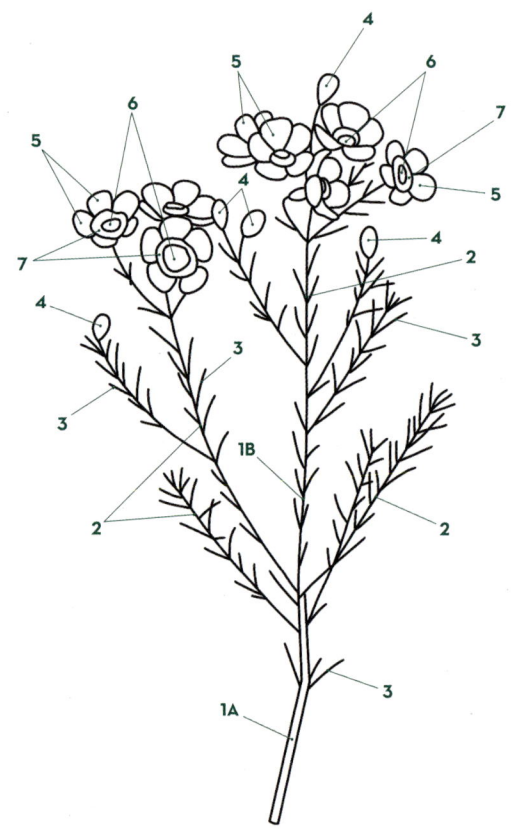

도안 설명

- **1A** 카우칭 스티치(나란히 2회 수놓기): 메인 실 5번 펄코튼사, 1가닥, 611 + 고정 실 25번 면사, 1가닥, 611
- **1B** 1A와 동일, 1회 수놓기
- **2** 스템 스티치, 2가닥, 611
- **3** 스트레이트 스티치, 2가닥, 936
- **4** 피시본 스티치, 2가닥, 3722
- **5** 롱앤드쇼트 스티치, 2가닥, 223/ 3727(임의로 선택)
- **6** 서큘러로즈 스티치, 2가닥, 733
- **7** 스템 스티치, 2가닥, Blanc

왁스플라워

영어명: wax flower
학명: Chamelaucium uncinatum
과: 도금양과

소요시간:
10시간

재료:
기본 재료(12쪽 참조)

DMC 25번 면사

- 730
- 732
- 733
- 3051
- 3347
- 3371
- 712
- 3866
- 3865

도안 설명

1 롱앤드쇼트 스티치, 2가닥:
  1A 730 / **1B** 732 / **1C** 733

2 롱앤드쇼트 스티치, 2가닥:
  2A 3051 / **2B** 3347

3 롱앤드쇼트 스티치, 2가닥:
  3A 3865 / **3B** 712 / **3C** 3866

4 프렌치노트 스티치, 2가닥,
  1회 감기, 3371

아네모네

영어명: anemone
학명: Anemone coronaria
과: 미나리아재빗과

소요시간:
10시간

재료:
기본 재료(12쪽 참조)
DMC 5번 펄코튼사에 사용할 5호 바늘

DMC 25번 면사

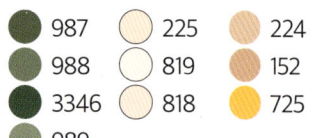

DMC 5번 펄코튼사

● 987

도안 설명

1A 카우칭 스티치(나란히 2회 수놓기): 메인 실 5번 펄코튼 사, 1가닥, 987 + 고정 실 25번 면사, 1가닥, 987

1B 1A와 동일, 1회 수놓기

2 체인 스티치, 2가닥, 987

3 피시본 스티치, 2가닥: **3A** 988 / **3B** 989 / **3C** 3346 / **3D** 987

4 새틴 스티치, 2가닥, 3346

5 롱앤드쇼트 스티치, 2가닥, 152

6 롱앤드쇼트 스티치, 2가닥, 818

7 스트레이트 스티치, 2가닥, 152

8 2가닥, 152 / 224/ 225/ 818 / 819(임의로 선택):
　8A 롱앤드쇼트 스티치 / **8B** 사선 새틴 스티치

9 스트레이트 스티치, 2가닥, 725

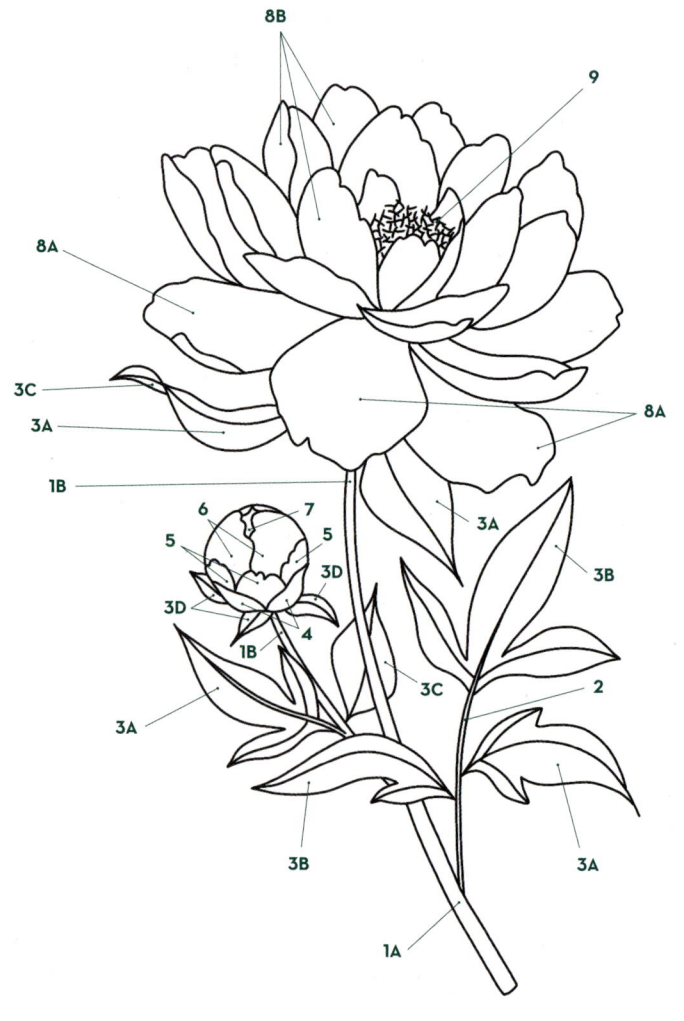

작약

영어명: peony
학명: Paeonia
과: 작약과

데코 아이디어:
자수틀 액자

재료
- 자수 크기에 적합한 원형 혹은 타원형 자수틀 (이 책에서는 지름 16cm 원형, 12×20cm 타원형 사용)
- 천 접착제
- 가위

만들기
1. 자수틀 위에 자수 작품을 펼칩니다.
2. 첫 번째 수틀(나사가 없는 쪽이에요. 15쪽을 참조하세요) 뒷면의 몇 군데에 접착제를 바릅니다.
3. 접착제가 발린 면에 수틀 뒷면으로 나온 원단을 붙입니다.
4. 남은 원단을 자릅니다.
5. 벽에 걸거나 가구에 장식할 수 있는 액자가 완성되었어요!

정원에 가면

정원에 있는 꽃들은 색의 향연을 펼칩니다. 다년생, 1년생 혹은 2년생 꽃들이 계절마다 새로운 그림을 그리지요. 꽃은 미적 측면을 넘어 생물다양성의 귀중한 자산이기도 해요. 채소밭을 가꾸는 분이라면 꽃이 수분 매개 곤충을 끌어당기고 해충은 쫓아내면서 채소밭을 보호한다는 사실을 분명 아실 거예요.

소요시간:
4시간 30분

재료:
기본 재료(12쪽 참조)

 DMC 25번 면사

- 3363
- 29
- 3041
- 3051
- 30
- 3042

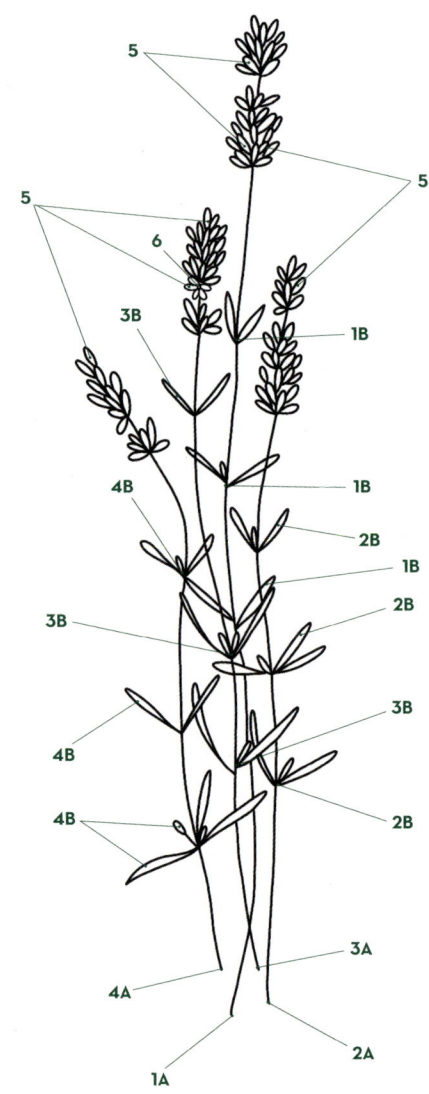

도안 설명

1A 스템 스티치, 2가닥, 3363
/ **1B** 레이지데이지 스티치,
2가닥, 3051 / 3363(임의로 선택)

2A 스템 스티치, 2가닥, 3363
/ **2B** 레이지데이지 스티치,
2가닥, 3051 / 3363(임의로 선택)

3A 스템 스티치, 2가닥, 3363
/ **3B** 레이지데이지 스티치,
2가닥, 3051 / 3363(임의로 선택)

4A 스템 스티치, 2가닥, 3363
/ **4B** 레이지데이지 스티치,
2가닥, 3051 / 3363(임의로 선택)

5 레이지데이지 스티치, 2가닥,
29 / 30 / 3041 / 3042(임의로 선택)

6 프렌치노트 스티치, 2가닥,
1회 감기, 29

라벤더

영어명: lavender
학명: Lavandula angustifolia
과: 꿀풀과

소요시간:
5시간

재료:
기본 재료(12쪽 참조)
DMC 5번 펄코튼사에 사용할 5호 바늘

DMC 25번 면사

- 988
- 704
- 3045
- 741
- 972
- 743
- 745

DMC 5번 펄코튼사

- 988

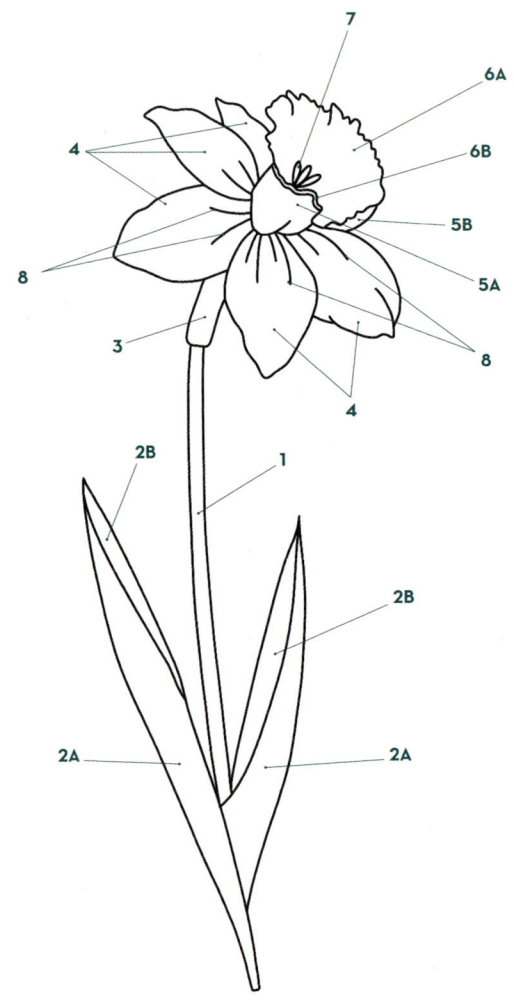

도안 설명

1 카우칭 스티치(나란히 2회 수놓기):
메인 실 5번 펄코튼사, 1가닥,
988 + 고정 실 25번 면사, 1가닥,
988

2 사선 새틴 스티치, 2가닥:
2A 704 / **2B** 988

3 새틴 스티치, 2가닥, 3045

4 롱앤드쇼트 스티치, 2가닥, 745

5 2가닥, 743: **5A** 새틴 스티치,
/ **5B** 롱앤드쇼트 스티치

6 2가닥, 972: **6A** 롱앤드쇼트 스티치,
/ **6B** 스템 스티치

7 레이지데이지 스티치, 2가닥, 741

8 스템 스티치, 1가닥, 743

노랑수선화

영어명: jonquil
학명: Narcissus jonquilla
과: 수선화과

소요시간:
7시간

재료:
기본 재료(12쪽 참조)
DMC 5번 펄코튼사에 사용할 5호 바늘

DMC 25번 면사

- 989
- 726
- 937
- 725
- 3371
- 3078

DMC 5번 펄코튼사

- 989

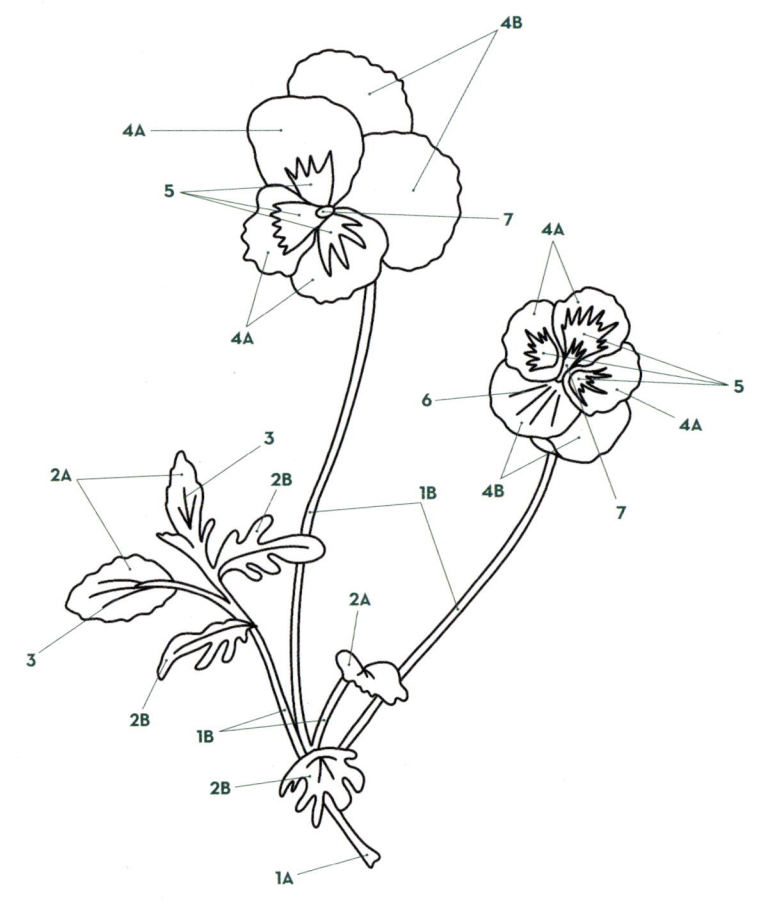

도안 설명

- **1A** 카우칭 스티치(나란히 2회 수놓기): 메인 실 5번 펄코튼사, 1가닥 989 + 고정 실 25번 면사, 1가닥, 989
- **1B** 1A와 동일, 1회 수놓기
- **2** 피시본 스티치, 2가닥:
  2A 989 / **2B** 937
- **3** 스트레이트 스티치, 1가닥, 937
- **4** 롱앤드쇼트 스티치, 2가닥:
  4A 726 / **4B** 725
- **5** 롱앤드쇼트 스티치, 2가닥, 3371
- **6** 스트레이트 스티치, 1가닥, 3371
- **7** 스트레이트 스티치, 2가닥, 3078

팬지

영어명: pansy
학명: Viola x wittrockiana
과: 제비꽃과

소요시간:
7시간 30분

재료:
기본 재료(12쪽 참조)

DMC 25번 면사

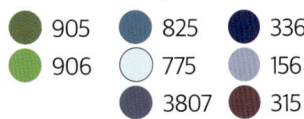

- 905
- 906
- 825
- 775
- 3807
- 336
- 156
- 315

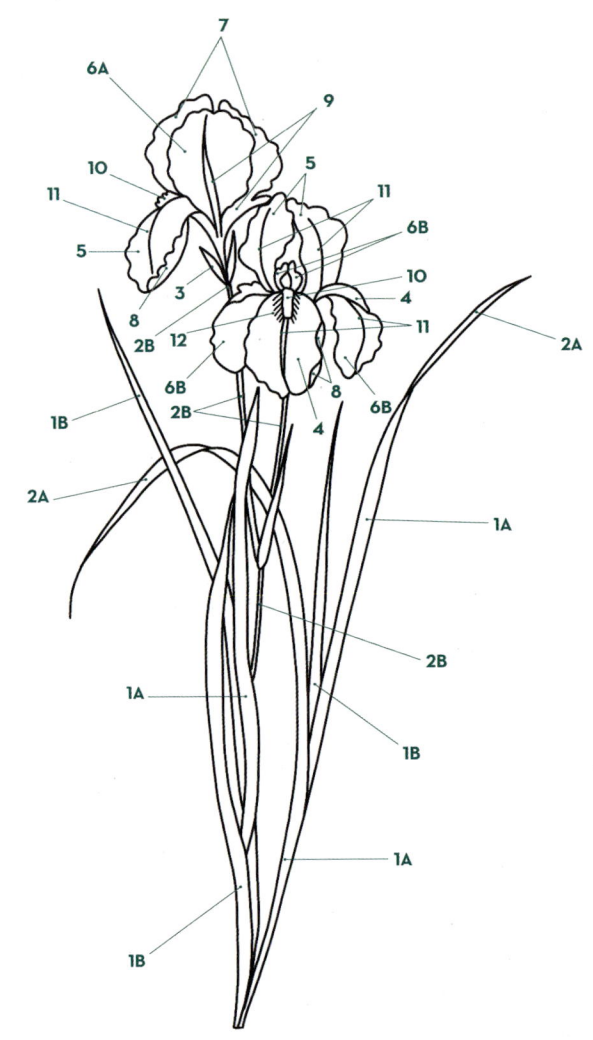

도안 설명

1 사선 새틴 스티치, 2가닥:
  1A 905 / **1B** 906

2 스템 스티치, 2가닥:
  2A 905 / **2B** 906

3 스트레이트 스티치, 2가닥, 906

4 롱앤드쇼트 스티치, 2가닥, 156

5 피시본 스티치, 2가닥, 156

6 2가닥, 825: **6A** 사선 새틴 스티치
  / **6B** 롱앤드쇼트 스티치

7 사선 새틴 스티치, 2가닥, 156

8 롱앤드쇼트 스티치, 2가닥, 3807

9 롱앤드쇼트 스티치, 2가닥, 156

10 롱앤드쇼트 스티치, 2가닥, 775

11 스템 스티치, 1가닥, 336

12 스트레이트 스티치, 2가닥, 315

붓꽃(독일붓꽃)

영어명: German iris
학명: Iris germanica
과: 붓꽃과

정원에 가면 | 71

소요시간:
8시간 30분

재료:
기본 재료(12쪽 참조)

DMC 25번 면사

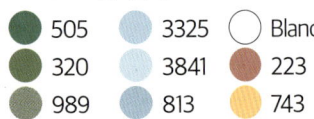

- 505
- 320
- 989
- 3325
- 3841
- 813
- Blanc
- 223
- 743

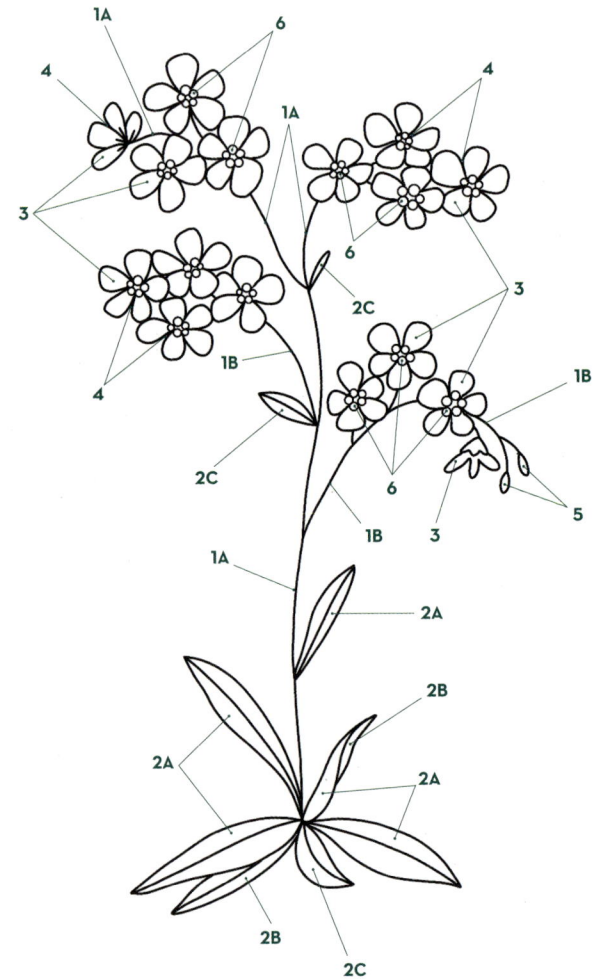

도안 설명

1 스템 스티치, 2가닥: **1A** 505 / **1B** 320
2 피시본 스티치, 2가닥: **2A** 989 / **2B** 320 / **2C** 505
3 롱앤드쇼트 스티치, 2가닥, 3325 / 3841 / 813(임의로 선택)
4 스트레이트 스티치, 2가닥, Blanc
5 레이지데이지 스티치, 2가닥, 223
6 프렌치노트 스티치, 2가닥, 2회 감기, 743

물망초

영어명: forget-me-not
학명: Myosotis sylvatica
과: 지치과

소요시간:
11시간

재료:
기본 재료(12쪽 참조)
DMC 5번 펄코튼사에 사용할 5호 바늘

DMC 25번 면사

- 905
- 472
- 210
- 778
- 3726
- 612
- 3042

DMC 5번 펄코튼사

- 612

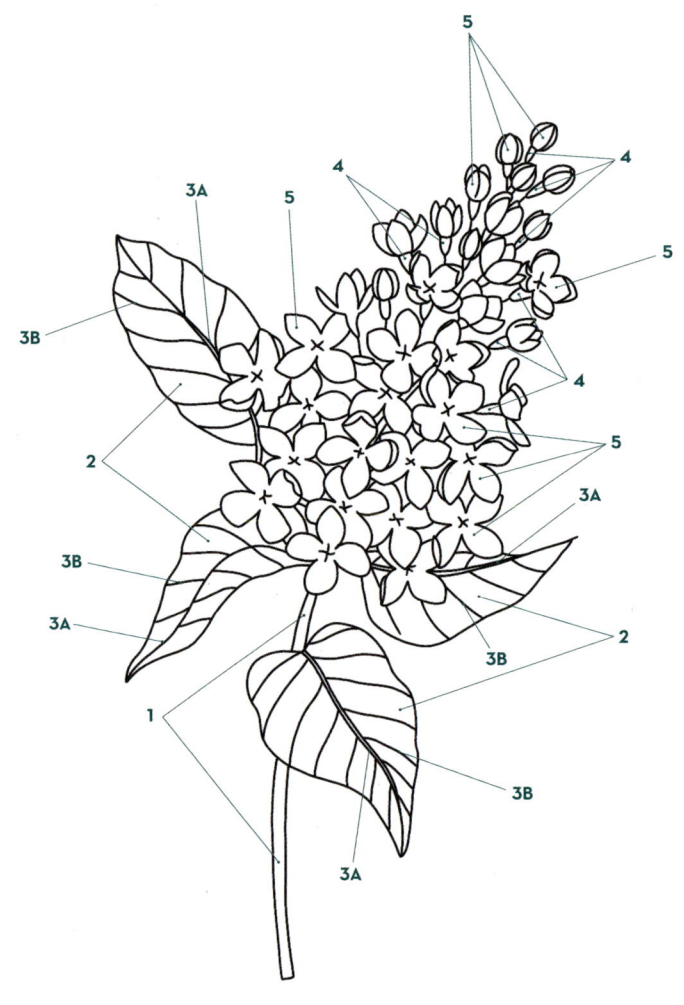

도안 설명

1. 카우칭 스티치(나란히 2회 수놓기): 메인 실 5번 펄코튼사, 1가닥, 612 + 고정 실 25번 면사, 1가닥, 612
2. 피시본 스티치, 2가닥, 905
3. 스템 스티치, 472: **3A** 2가닥 / **3B** 1가닥
4. 스트레이트 스티치, 1가닥, 905
5. 롱앤드쇼트 스티치, 2가닥: 210 / 778 / 3042 / 3726(임의로 선택)

라일락

영어명: lilac
학명: Syringa vulgaris
과: 물푸레나무과

정원에 가면 | 75

소요시간:
13시간

재료:
기본 재료(12쪽 참조)
DMC 5번 펄코튼사에 사용할 5호 바늘

DMC 25번 면사

211 833 3051
3042 3064 470
3041 610 471
30

DMC 5번 펄코튼사

3051

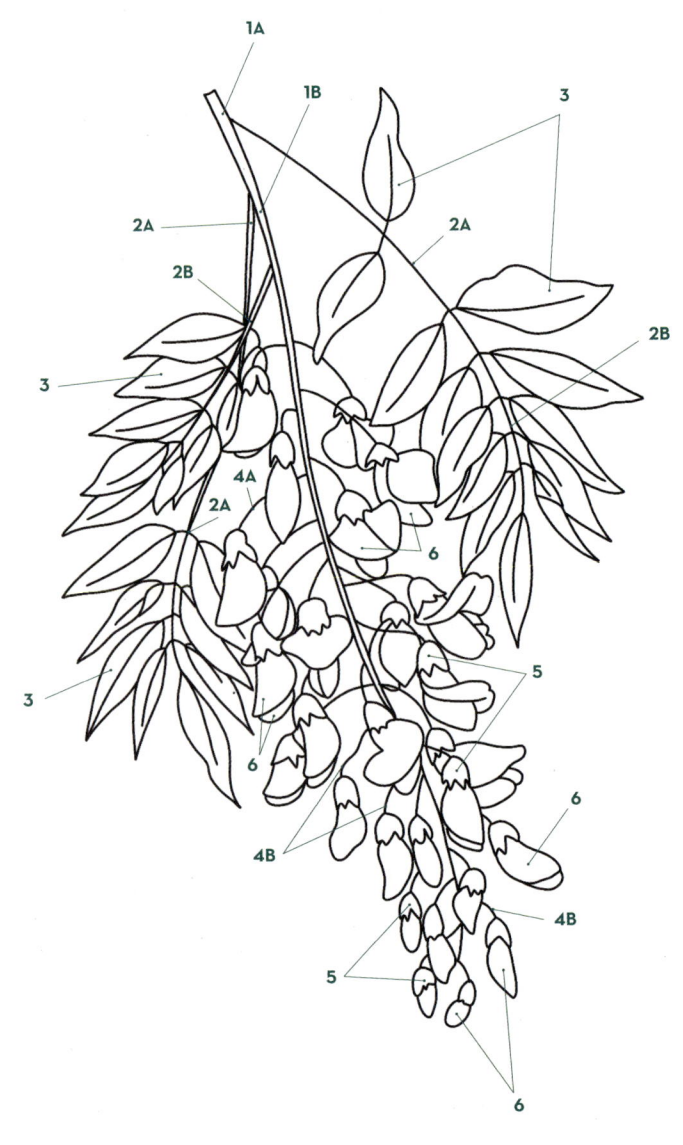

도안 설명

1A 카우칭 스티치(나란히 2회 수놓기): 메인 실 5번 펄코튼사, 1가닥, 3051 + 고정 실 25번 면사, 1가닥, 3051

1B 1A와 동일, 1회 수놓기

2 스템 스티치, 2가닥: **2A** 610 / **2B** 3051

3 피시본 스티치, 2가닥, 470 / 471(임의로 선택)

4 스템 스티치, 1가닥: **4A** 471 / **4B** 833

5 롱앤드쇼트 스티치, 2가닥, 3064

6 롱앤드쇼트 스티치, 2가닥, 30 / 211 / 3041 / 3042(임의로 선택)

등꽃

영어명: wisteria flower
학명: Wisteria sinensis
과: 콩과

데코 아이디어:
클립보드

재료
- 목재 클립보드(이 책에서는 A4 사이즈 사용)
- 가위

만들기
1. 원단 크기가 보드의 크기(이 책에서는 A4 사이즈)에 적당하도록 원단을 자릅니다.
2. 클립보드 위에 자수 작품을 고정하세요. 만들어진 클립보드는 벽에 걸거나 가구 위에 올려둘 수 있어요.

부엌에 가면

바질, 로즈메리, 민트… 이름만 들어도 공간이 향기로 가득 차는 느낌이에요. 향기롭고 맛도 좋고 건강에도 이로운 허브는 일상에 풍미를 더합니다. 정원에서 갓 딴 향신료 식물을 여름 요리에 넣으면 우리의 입맛과 후각을 돋워 섬세하고 감미로운 미식 경험을 할 수 있게 해준답니다.

소요시간:
1시간 30분

재료:
기본 재료(12쪽 참조)

DMC 25번 면사

 3347
 905
● 310

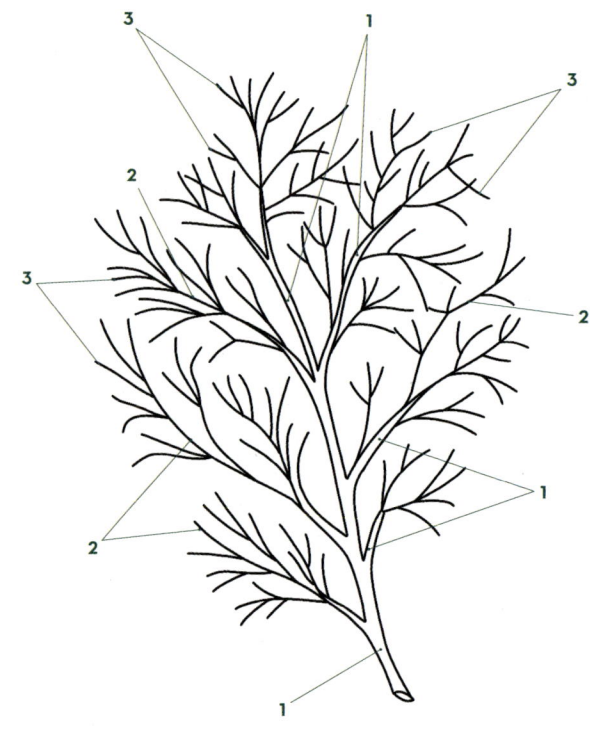

도안 설명

1 체인 스티치, 2가닥, 3347
2 스템 스티치, 2가닥, 3347
3 스트레이트 스티치, 2가닥, 3347 / 905(임의로 선택)
4 백 스티치, 2가닥, 310

딜

| 영어명: dill 프랑스어명: aneth
| 학명: Anethum graveolens
| 과: 산형과

소요시간:
1시간 30분

재료:
기본 재료(12쪽 참조)

DMC 25번 면사
- 987
- 3726
- 310
- 3347
- 3836

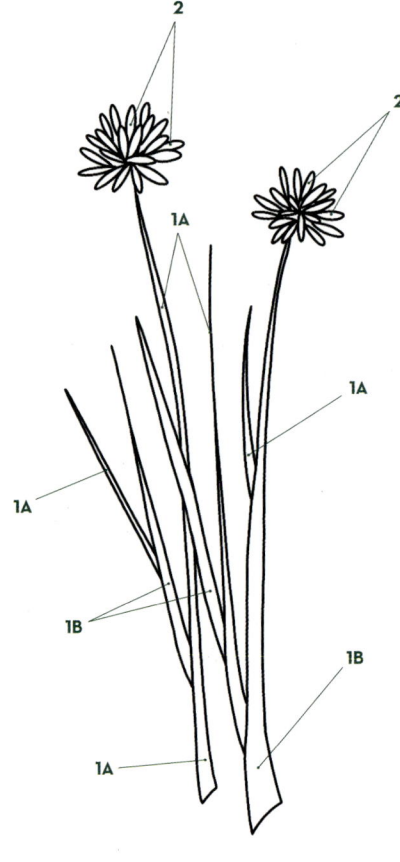

도안 설명

1 사선 새틴 스티치로 수놓은 다음 스템 스티치, 2가닥: **1A** 987 / **1B** 3347

2 스트레이트 스티치, 2가닥, 3726 / 3836(임의로 선택)

3 백 스티치, 2가닥, 310

차이브

영어명: chive 프랑스어명: ciboulette
학명: Allium schoenoprasum
과: 백합과

소요시간:
1시간 30분

재료:
기본 재료(12쪽 참조)

DMC 25번 면사
● 422   ● 3051   ● 310
● 471

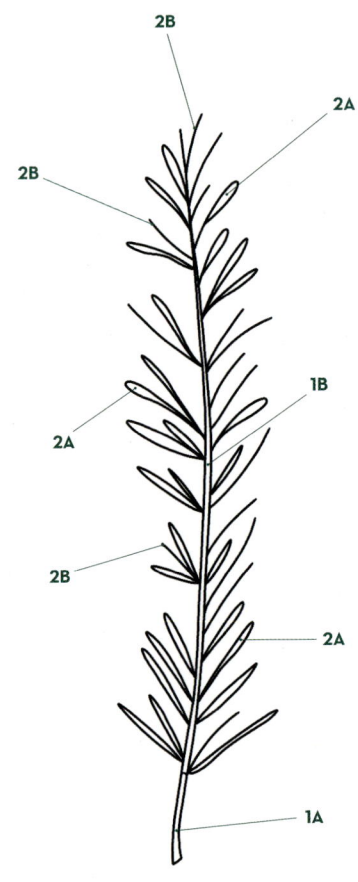

도안 설명

1 2가닥, 422: **1A** 체인 스티치
 / **1B** 스템 스티치

2 2가닥, 471 / 3051(임의로 선택):
 2A 레이지데이지 스티치
 / **2B** 스트레이트 스티치

3 백 스티치, 2가닥, 310

로즈메리

영어명: rosmary 프랑스어명: romarin
학명: Salvia rosmarinus
과: 꿀풀과

소요시간:
2시간

재료:
기본 재료(12쪽 참조)

DMC 25번 면사
- 988
- 310
- 987
- 522

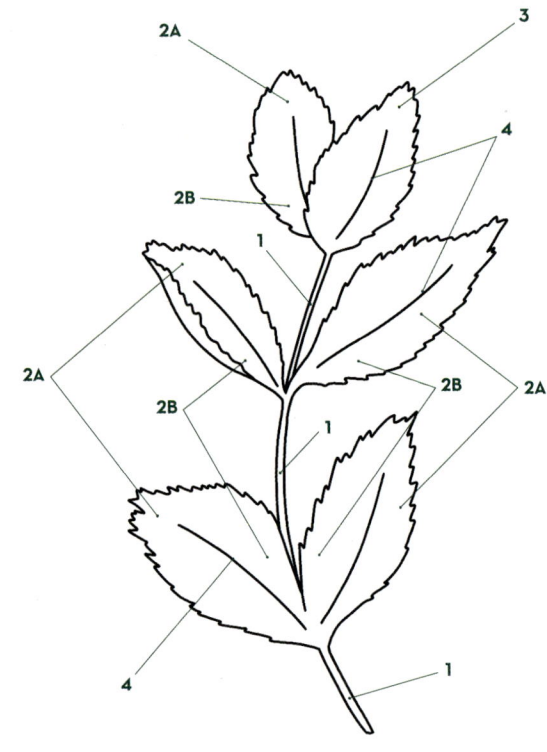

도안 설명

1 체인 스티치, 2가닥, 988

2 피시본 스티치, 2가닥: **2A** 988
 / **2B** 987

3 피시본 스티치, 2가닥, 522

4 스템 스티치, 2가닥, 522

5 백 스티치, 2가닥, 310

민트

영어명: mint 프랑스어명: menthe
학명: Mentha spicata
과: 꿀풀과

소요시간:
2시간

재료:
기본 재료(12쪽 참조)

DMC 25번 면사
- 471
- 3347
- 310

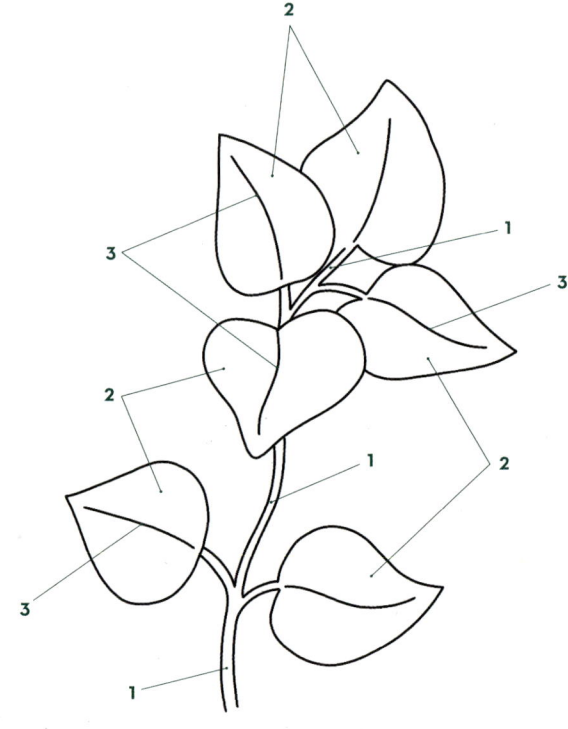

도안 설명

1 체인 스티치, 2가닥, 471
2 피시본 스티치, 2가닥, 3347
3 스템 스티치, 2가닥, 471
4 백 스티치, 2가닥, 310

오레가노

영어명: oregano 프랑스어명: origan
학명: Origanum vulgare
과: 꿀풀과

소요시간:
2시간 30분

재료:
기본 재료(12쪽 참조)

DMC 25번 면사
- 3347
- 310
- 3053
- 522

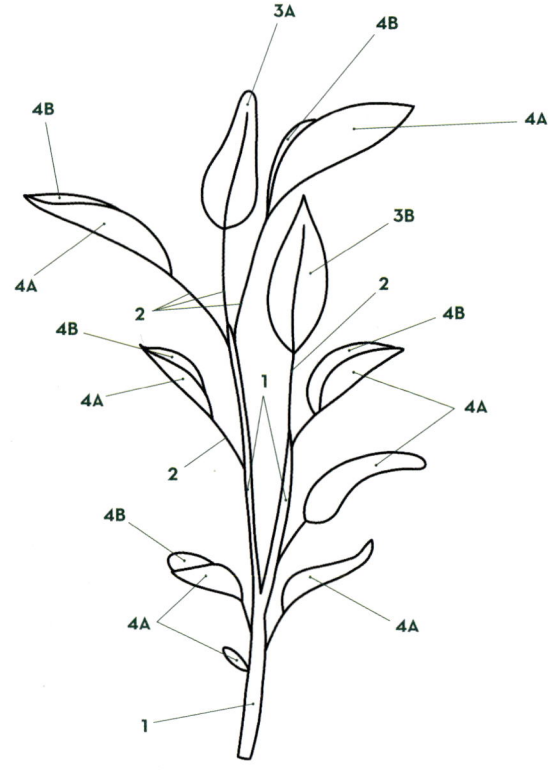

도안 설명

1 체인 스티치, 2가닥, 3053

2 스템 스티치, 2가닥, 3053

3 피시본 스티치, 2가닥: **3A** 3347 / **3B** 522

4 사선 새틴 스티치, 2가닥: **4A** 522 / **4B** 3347

5 백 스티치, 2가닥, 310

세이지

영어명: sage 프랑스어명: sauge
학명: Salvia officinalis
과: 꿀풀과

소요시간:
3시간

재료:
기본 재료(12쪽 참조)

DMC 25번 면사
● 987 ● 310
● 988
● 471

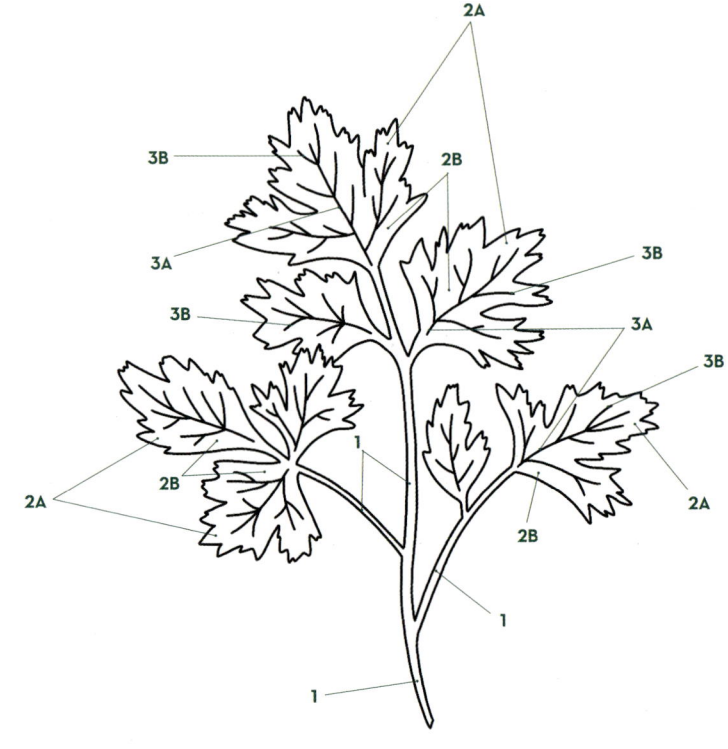

도안 설명

1 체인 스티치, 2가닥, 471

2 롱앤드쇼트 스티치, 2가닥:
   2A 987 / 2B 988

3 2가닥, 471: 3A 스템 스티치
   / 3B 스트레이트 스티치

4 백 스티치, 2가닥, 310

파슬리

영어명: parsley 프랑스어명: persil
학명: Petroselinum crispum
과: 산형과

소요시간:
3시간

재료:
기본 재료(12쪽 참조)

DMC 25번 면사
- 988
- 310
- 905
- 470

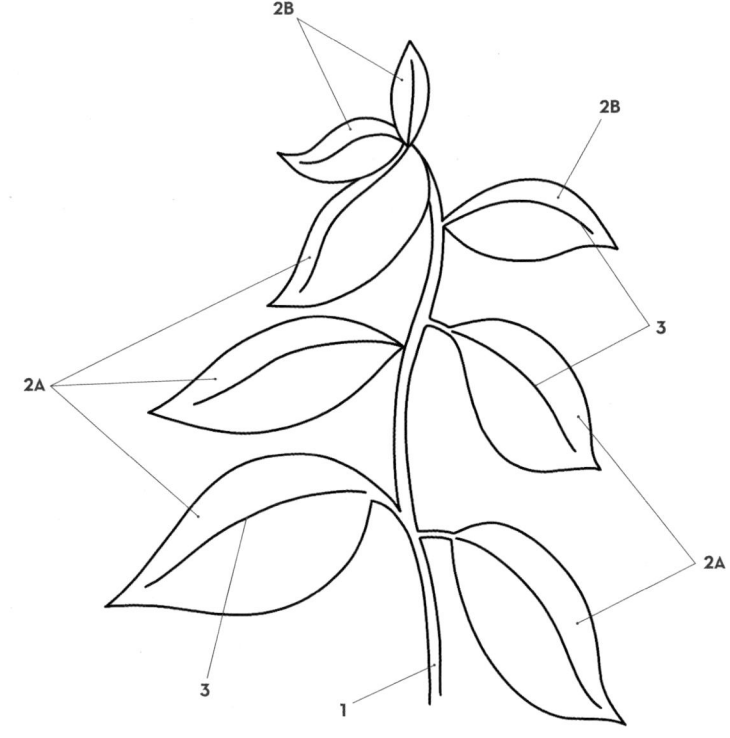

도안 설명

1 체인 스티치, 2가닥, 988
2 피시본 스티치, 2가닥: **2A** 470 / **2B** 905
3 스템 스티치, 2가닥, 988
4 백 스티치, 2가닥, 310

바질

| 영어명: basil 프랑스어명 basilic
| 학명: Ocimum basilicum
| 과: 꿀풀과

소요시간:
3시간

재료:
기본 재료(12쪽 참조)

DMC 25번 면사
- 3863
- 310
- 422
- 3051
- 3347
- 471

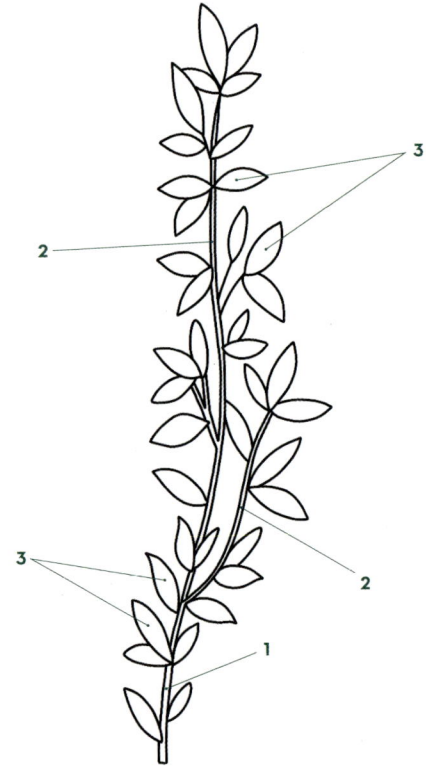

도안 설명
1. 체인 스티치, 2가닥, 3863
2. 스템 스티치, 2가닥, 422
3. 스트레이트 스티치 + 레이지데이지 스티치, 2가닥, 471 / 3347 / 3051(임의로 선택)
4. 백 스티치, 2가닥, 310

타임

영어명: thyme 프랑스어명: thym
학명: Thymus vulgaris
과: 꿀풀과

데코 아이디어:
식물 자수 패널

재료
- 원하는 크기의 원단(이 책에서는 A3 사이즈 사용)
- 자석으로 고정하는 포스터 홀더(이 책에서는 길이 31cm 사용)

만들기
1. 자수를 놓은 원단을 포스터 홀더 크기에 맞게 자릅니다.
2. 자수 원단의 양쪽을 자석 홀더에 끼웁니다. 이제 패널을 벽에 걸기만 하면 돼요.

숲에 가면

뺨에 닿는 신선한 공기, 코끝을 간질이는 흙냄새에 섞인 부식토와 송진의 냄새, 봄에는 새들이 지저귀는 소리, 가을에는 발밑에서 바스락거리는 금빛 나뭇잎들… 자연과 다시 연결되고 모든 감각을 깨우기에 상쾌한 숲속 산책보다 더 좋은 게 있을까요?

소요시간:
3시간

재료:
기본 재료(12쪽 참조)

DMC 25번 면사

● 433   ● 3803   ● 936
● 3045 ● 3722
        ● 223

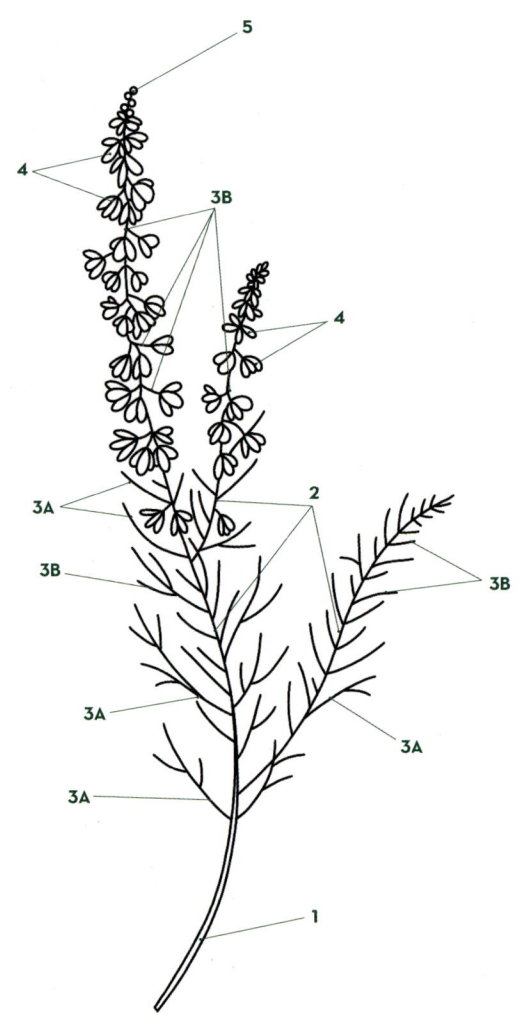

도안 설명

1 체인 스티치, 2가닥, 433

2 스템 스티치, 2가닥, 3045

3 2가닥, 936: **3A** 스템 스티치 / **3B** 스트레이트 스티치

4 레이지데이지 스티치, 2가닥, 223 / 3722 / 3803(임의로 선택)

5 프렌치노트 스티치, 2가닥, 2회 감기, 3803

에리카

영어명: erica
학명: Erica cinerea
과: 철쭉과

소요시간:
5시간

재료:
기본 재료(12쪽 참조)

DMC 25번 면사

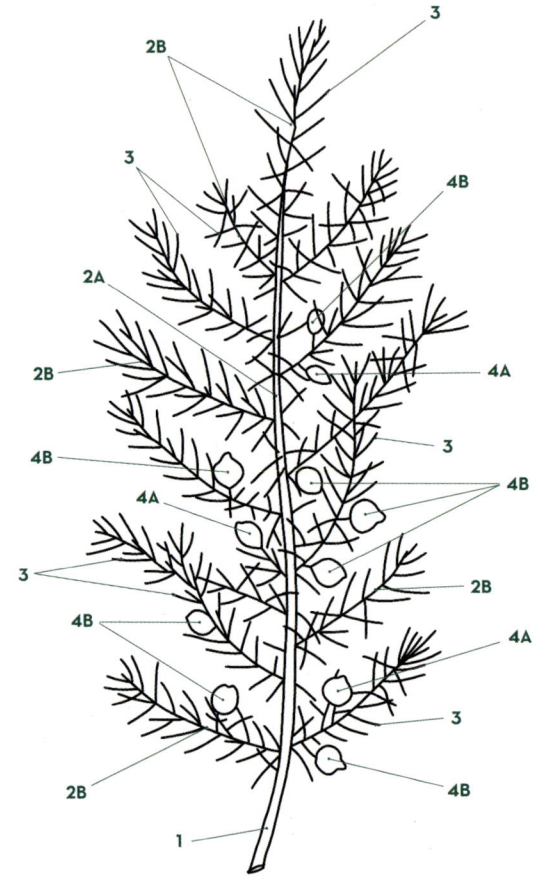

도안 설명

1 롱앤드쇼트 스티치, 2가닥, 433

2 2가닥, 370: **2A** 롱앤드쇼트 스티치, **2B** 스템 스티치

3 스트레이트 스티치, 2가닥, 520 / 523 / 3364(임의로 선택)

4 서큘러로즈 스티치, 2가닥: **4A** 318 / **4B** 939

향나무(유럽향나무)

영어명: Juniper
학명: Juniperus communis
과: 측백나무과

소요시간:
6시간

재료:
기본 재료(12쪽 참조)

DMC 25번 면사

● 680
● 3821
● 3822

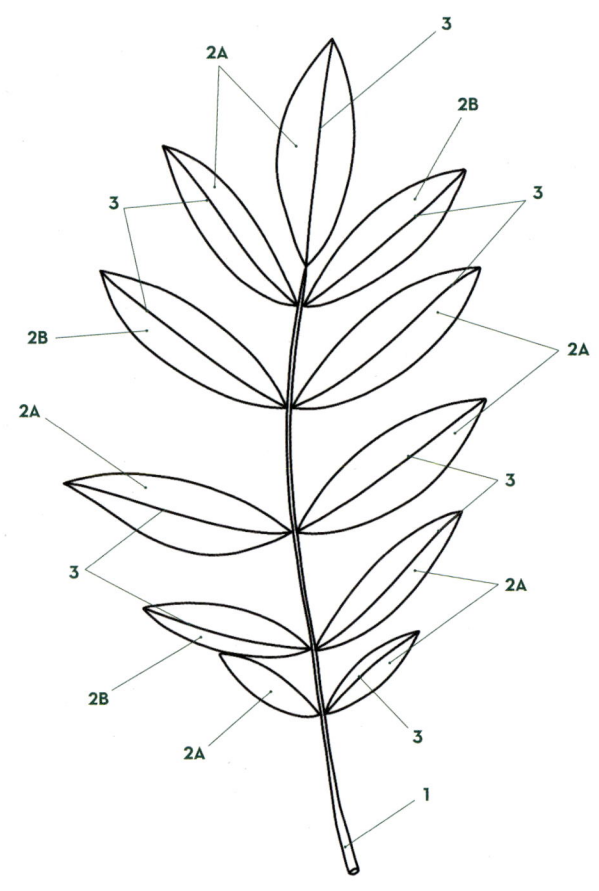

도안 설명

1 휘프트체인 스티치, 2가닥, 680
2 피시본 스티치, 2가닥: 2A 3821
 / 2B 3822
3 스템 스티치, 2가닥, 680

물푸레나무 (구주물푸레나무)

영어명: ash
학명: Fraxinus excelsior
과: 물푸레나무과

소요시간:
7시간

재료:
기본 재료(12쪽 참조)

DMC 25번 면사

● 937
● 733

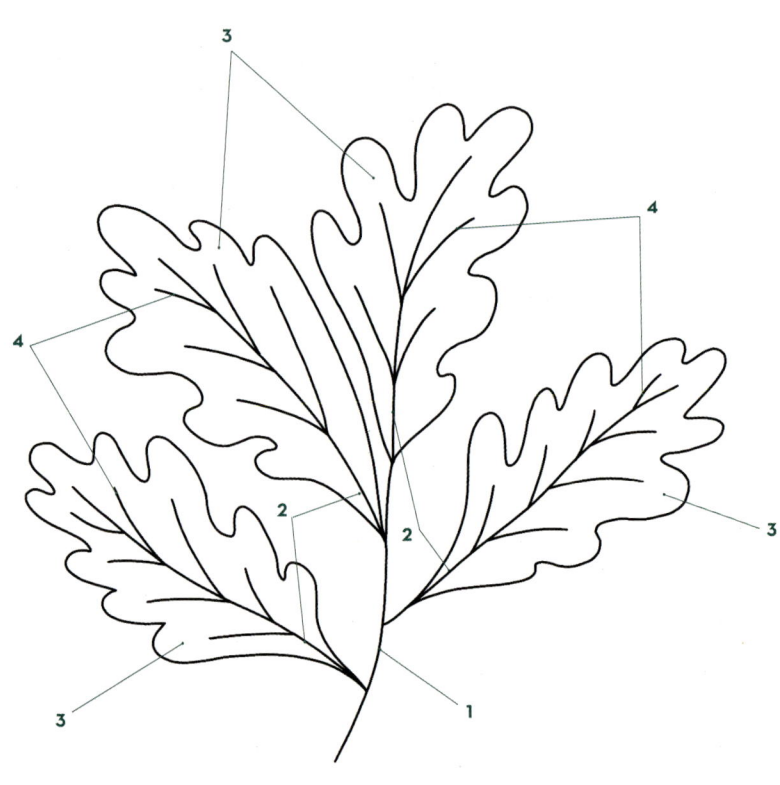

도안 설명

1 체인 스티치, 2가닥, 733
2 스템 스티치, 2가닥, 733
3 롱앤드쇼트 스티치, 2가닥, 937
4 스템 스티치, 1가닥, 733

참나무 (로부르참나무)

| 영어명: oak
| 학명: Quercus robur
| 과: 참나무과

숲에 가면 | 111

소요시간:
7시간 30분

재료:
기본 재료(12쪽 참조)

DMC 25번 면사

987
989
368
581
733
726
349
352
420
Blanc

도안 설명

1 스템 스티치, 2가닥, 581
2 스트레이트 스티치, 2가닥, 420
3 피시본 스티치, 2가닥, 989
4 사선 새틴 스티치, 2가닥:
  4A 368 / 4B 989
5 스템 스티치, 1가닥, 987
6 레이지데이지 스티치, 2가닥, 989
7 스트레이트 스티치, 2가닥, 989
8 롱앤드쇼트 스티치, 2가닥, 349
9 스트레이트 스티치, 2가닥, 352
10 서큘러로즈 스티치, 2가닥, 733
11 프렌치노트 스티치, 2가닥,
   2단, 733
12 롱앤드쇼트 스티치, 2가닥, Blanc
13 새틴 스티치, 2가닥, 726
14 프렌치노트 스티치, 2가닥,
   1회 감기, 726

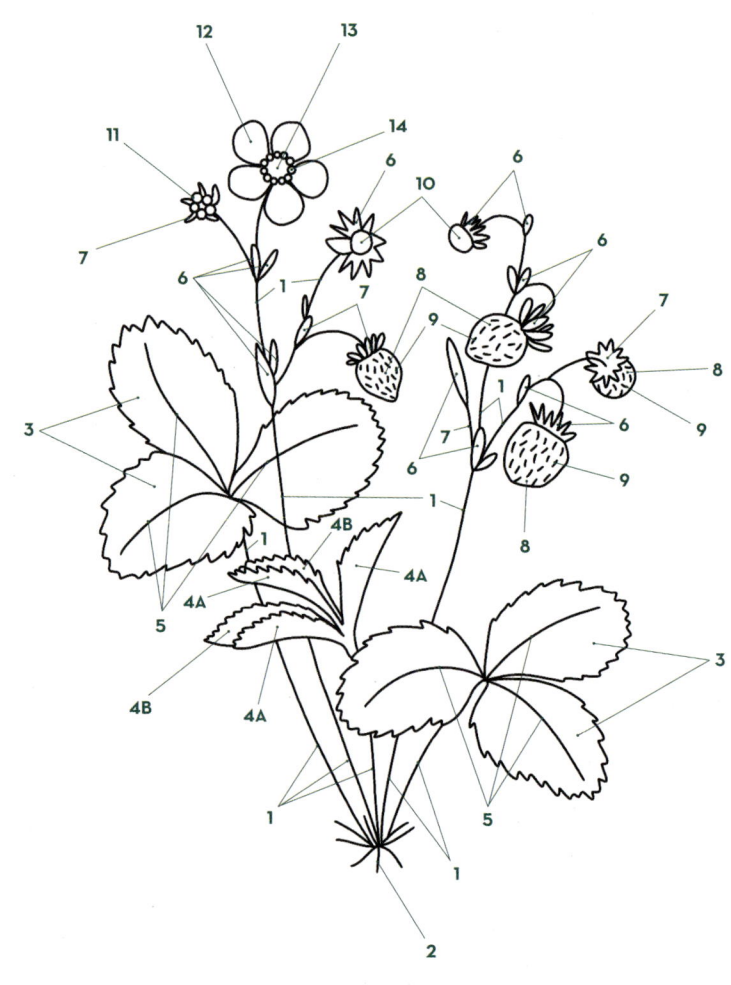

야생딸기

영어명: wild strawberry
학명: Fragaria vesca
과: 장미과

데코 아이디어:
투명 액자

재료
- 금속 테두리, 유리 두 장으로 된 걸 수 있는 액자
- 한쪽 면이 열접착 처리되고 도안보다 몇 센티미터 큰 부직포
- 양면 접착테이프 혹은 사진용 양면 스티커 (스크랩북용)
- 가위

만들기
1. 자수 작품 주위에 여백이 충분한지 확인하며 뒷면에 열접착 면을 놓습니다.
2. 자수 형태를 살려 가장자리에 최소 1cm의 여백을 남기고 조심스럽게 자릅니다.
3. 양면 접착테이프나 양면 스티커를 이용해 자수를 유리 안쪽에 붙입니다.

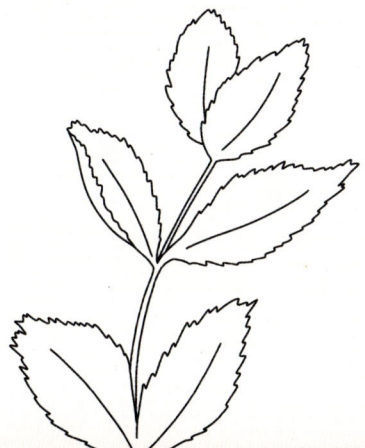

재료 구입

DMC
이 책에서 사용한 25번 면사와 펄코튼 5번사를 구입할 수 있습니다. 매우 다양한 색상의 예쁜 실과 수틀도 만나볼 수 있어요. DMC 색상 차트를 구매하면 수많은 색상 중에서 원하는 색을 좀 더 쉽게 선택할 수 있어요.

조디오 Zodio
데코 아이디어 페이지에 소개된 소품을 구입할 수 있을 뿐 아니라 다양한 아이디어도 찾을 수 있어요.

라스콜 Rascol
라스콜은 다양한 종류의 자수 실과 원단, 자수 액세서리를 제공하는 대규모 온라인 쇼핑몰입니다. 이 책에서 사용한 수틀을 구입할 수 있어요.

수예점
자수를 시작하는 데 필요한 재료나 소모품을 구입할 수 있어요. 자주 들를 수 있는 가까운 수예점을 찾아보세요!

플리마켓
아름다운 천, 실, 수틀뿐만 아니라 자수를 장식해 뽐낼 수 있는 소품도 찾아보세요.

감사의 말

많은 분에게 감사의 말씀을 드리고 싶습니다.

에이롤 출판사와 특히 편집자 아나이스와 오드, 이 새 책을 믿고 맡겨주셔서 감사해요. 여러분의 경청과 친절에 진심으로 감사합니다.

'제쥐 소바주'라고도 불리는 산드라가 없었다면 이 책이 이렇게 아름답게 나올 수 없었을 거예요. 빼어난 사진을 이 책에 실을 수 있게 해줘서 정말 고마워요. 아시겠지만 사진은 제 기대를 훨씬 뛰어넘었어요. 그리고 당신의 '쓸모없는 보물'로 제 자수를 보기 좋게 만들어줘서 감사해요. 당신과 함께 일하는 건 정말이지 멋진 일이었어요.

이 책의 파트너이자 이 책에서 쓴 모든 실을 아낌없이 제공해준 샤를린과 프랑스와 미국 담당 DMC 팀에 감사해요. 데코 아이디어 페이지에 사용된 재료를 기꺼이 제공한 셀린과 조디오 팀(앙제에 있는 클로에도요!)에도 감사합니다.

내 인생의 두 사랑. 덕분에 이 프로젝트가 대서양 양쪽을 오가며 완성될 수 있었어요. 귀중한 지지와 신뢰에 깊은 감사를 전합니다. 내 작업을 보여주었을 때 눈에 떠오르던 별빛도 고마웠어요.

가족, 친구, 그리고 지인들. 제게 보여준 열정과 끊임없는 격려와 지지에 감사해요.

그리고 독자 여러분. 여러분 덕분에 이 아름다운 모험이 계속되고 있습니다. 감사합니다. 이 책을 읽어주셔서 감사해요. 제 자수 도안과 산드라의 예쁜 사진이 여러분에게 자수 식물도감을 만들고 싶은 마음을 불러일으켰기를 바랍니다.

다양한 스티치로 표현하는 33가지 식물
프랑스 자수로 만드는 식물도감

초판 1쇄 인쇄　2024년 5월 10일
초판 1쇄 발행　2024년 5월 15일

지은이	샤를렌 푸리아스
사진	제쥐 소바주
옮긴이	김수영

펴낸이	최정이
펴낸곳	지금이책
등록	제2015-000174호
주소	경기도 고양시 일산서구 킨텍스로 410
전화	070-8229-3755
팩스	0303-3130-3753
이메일	now_book@naver.com
블로그	blog.naver.com/now_book
인스타그램	nowbooks_pub

ISBN　979-11-88554-80-5 (13630)

* 이 책은 저작권법에 따라 보호를 받는 저작물이므로 무단전재와 무단복제를 금지하며,
　이 책 내용의 전부 또는 일부를 이용하려면 반드시 저작권자와 지금이책의 서면 동의를 받아야 합니다.
* 잘못되거나 파손된 책은 구입하신 서점에서 교환해드립니다.
* 책값은 뒤표지에 있습니다.